중세의 미학

중세의 미학

움베르토 에코 지음
손효주 옮김

ARTE E BELLEZZA NELL'ESTETICA MEDIEVALE
by UMBERTO ECO

Copyright (C) 2016 La nave di Teseo, Milano
Korean Translation Copyright (C) 1998 The Open Books Co.

일러두기

- 이 책은 열린책들에서 1998년에 출간한 『중세의 미와 예술 *Arte e bellezza nell'estetica medievale*』의 신판이다.
- 옮긴이가 단 각주는 〈옮긴이주〉라고 표기했다. 그 외의 각주는 모두 에코가 달았다.
- 각주와 참고 문헌에 나오는 약자들은 다음 문헌을 가리킨다.

    ET Edgar De Bruyne, *Etudes d'esthétique médiévale*, 3 vols.(Bruges, 1946).
    LB Henri Pouillon, "La Beauté, propriété transcendentale chez les scholastiques", *Archives d'histoire doctrinale et littéraire du moyen âge*, XXI(1946), pp. 263~329.
    PL J. P. Migne, *Patrologiae Cursus Completus,* series Latina(Paris, 1844~1890).
    S. T. St. Thomas Aquinas, *Summa Theologiae.*

이 책은 실로 꿰매는 정통적인 사철 방식으로 만들어졌습니다.
사철 방식으로 만든 책은 오랫동안 보관해도 손상되지 않습니다.

서문[*]

 이 책에서 개관하게 될 중세 미학이 포괄하는 11세기라는 기간이나, 내가 언급할 저자들과 이 책의 독자들 사이에 놓인 5세기라는 시간 차이를 놓고 볼 때 28년이란 세월은 사실 짧은 시간이다. 우선은 이 책이 1958년에 처음 쓰인 후, 〈중세 미학의 전개 *Sviluppo dell'estetica medievale*〉라는 제목으로 1959년에 여러 저자들이 쓴 미학사에 관한 네 권짜리 안내서의 한 장(章)으로 출판되었던 글이라는 사실을 말해 둘 필요가 있겠다(『미학사의 중요 시점과 문제들 *Momenti e problemi di storia dell'estetica*』, Milano, Marzorati, 1959, 1권: 고대에서 바로크까지, 115~230면). 그 점이 바로 내가 라틴어로 된 철학자들의 미학 이론만을 다룬 이유가 되기 때문이다(이 안내서는 학술적인 독자들을 위한 것이었으므로 모든 인용들은 본래 라틴어로 되어 있었다). 나는 스콜라 철

---

[*] 이 서문은 1986년 영역판을 낼 때, 에코가 첨부한 것이다.

학자들의 교부적(教父的) 문헌도 자주 언급했지만, 해당 철학적 구절의 의미를 이해하는 데 필요하다면 세속 문화도 자주 언급했다. 그러나 아우구스티누스나 단테를 일부러 다루지는 않았다. 그 안내서의 1권에서는 퀸티노 카타우델라 Quintino Cataudella가 초기 그리스도교 사상을 다루고 있고, 안토니오 비스카르디 Antonio Viscardi는 중세의 문학 이론들에 대해서 쓰고 있으며, 조르조 바르베리 스콰로티 Giorgio Barberi Squarotti는 한 장을 할애해서 14세기 이탈리아의 세속 문학 이론들(즉 단테, 페트라르카, 보카치오)을 다루고 있기 때문이다. 그러므로 나는 스콜라 철학자들의 미학에만 관심을 두었다. 물론 그 문화적 환경에도 응분의 관심을 두긴 했지만 말이다.

내 글은 그 안내서에 싣기 위해서 쓴 것이다. 굳이 내가 독창적이라고 주장하지는 않겠다. 내가 중세 미학 연구에 조금이라도 독창적으로 기여한 것이 있다면 1956년에 출판된 아퀴나스의 미학 이론들에 관해서 쓴 책이다(『토마스 아퀴나스 미학의 문제 Il problema estetico in Tommaso d'Aquino』 2차 개정판, Milano, Bompiani, 1970년에 하버드 대학교 출판부에서 영어판 출간). 1958년만 해도 젊은 학자가 그렇게 장대한 역사적 시기를 망라하는 글을 발표한다는 것은 생각할 수도 없었던 일이었다. 더구나 1946년에 에드가 드 브륀 Edgar De Bruyne이 『중세 미학 연구 Etudes d'esthétique médiévale』를 출판했던 것을 생각하면 더욱 그렇다. 내가 시도했던 것은 지난 여러 세기 동안에 발견되었거나 혹은 다른 학자들이 재발견한 일련의 문헌들을 개인적으로(동시에 매우 종합적으로) 해석하려는 것이었다. 바로 이런 점 때문에 내 글이 비전문적인 중세 연구가들도 읽을 만한 글이 되었던 것이다. 또 내가 예술과 미의 문제에 있어서 스콜라 철학자들을 현대적인 관점에서 다시 읽으려고 노력했다는 점에서도 그랬다. 내 입장은 신(新)스콜라 철학적인 것이 아니었으므로 나는 이런 옛 이론들이 오늘날의 문제들에 대해서도 납득할 만한 해답을 준다는 것을 보여 주려고 애쓰지는 않았다. 그러나 나는 그들의 문제와 해답이 현대 독자의 관심사와는 거리가 먼 것처럼 보일 때조차도 어느 정도는 현대의 독자에게 이해될 수 있다는 점을 보여 주려고 했다.

나는 이 책을 26세 때 썼다. 예일 대학교 출판부가 이것을 다시 출판하자고 제의했을 때 나는 다소 망설였다. 그러나 곧 일부의 독자들은 여전히 이 개설서에 관심을 가지고 있으리라는 출판부와 번역자의 말을 신뢰하기로 마음먹게 되었다. 내가 지금에 와서 이 글을 다시 쓴다면 나는 분명히 새로운 자료들을 참고할 것이고, 문체도 바꿀 것이다. 원래의 이탈리아어판보다 더 감칠맛 나게 영어로 번역해 준 휴 브레딘Hugh Bredin에게 감사한다. 그 당시 이탈리아의 젊은 학자들이 가지고 있던 전형적인 약점들을 나도 가지고 있었기에 비틀어진 구문이 지혜와 성숙의 존경할 만한 징표라고 믿었다.

또 새로운 성찰들을 보탤 것이며 어쩌면 기타 소수의 저자들도 다룰지 모른다. 그리고 중세 사상과 비교할 수 있는 현대 미학(및 기호학)의 다른 측면들을 고려하면서 결론을 다시 쓸 것임에 틀림없다. 예를 들면, 아퀴나스에 대해서 쓴 내 저서 제2판(1970)의 새로운 결론에서 나는 스콜라 철학의 방법과 구조주의의 몇몇 측면들을 비교했다. 그렇지만 나의 기본적인 견해는 변하지 않을 것이다. 왜냐하면 그것이야말로 내가 이토록 시간이 흐른 뒤에도 다시 출판을 하는 데 최종적으로 동의하게 된 유일한 이유이기 때문이다. 이 짧은 책을 통해 이야기하고 있는 것이 젊은 학자의 미숙함에서 나온 것일지도 모르지만, 그 내용은 지금도 내가 믿고 있는 것이다.

독자들의 호기심과 이 책을 썼던 젊은 시절의 나 자신에 대한 향수에 보답하기 위해서, 이 책을 쓰는 데 동의하자마자 나는 이탈리아 군대에서 보냈던 18개월의 시간을 떠올리게 되었다. 그 당시 내게 매일같이 막사를 떠나 도서실이라는 편안한 피난처에 있을 수 있게 해주었던 중위님께 감사드린다. 더구나 중위님은 내게 (이탈리아 군대에 있는 일반 기종들보다 성능이 좋은) 타자기뿐만 아니라 내 모든 책과 파일들을 둘 수 있는 작은 사무실까지 제공해 줘서 그곳에서 나는 평화롭게 작업에 몰두할 수 있었다. 내가 일개 사병이었는데도 중위님은 〈교수님이 작업하시니 방해하지 말라〉고 침입자들을 막아 가며 내 문지기 노릇을 해주셨다. 나는 중세 미학에 너무나 몰두한 나머지 하루는 내 총을 분실해 버렸다. 어떻게, 그리고 왜 내가 그 사격 부대를 도망쳐 나왔는지는 기억나지 않는다. 지금도 그렇듯이 나는 호전적인 평화주의자였다.

그러므로 내 책이 아베 미뉴나 에티엔앙리 질송 덕분인지, 아니면 비틀 베일리, 퍼즈 중위, 해프트랙 장군, 스노클 중사 덕분인지는 따져 볼 일이다. 만군의 주께서 그들 모두를 축복하시기를.

차례

5   서문
11   서론

1 중세의 미적 감수성   15
2 초월적인 미   37
3 비례의 미학   55
4 빛의 미학   79
5 상징과 알레고리   93
6 미적 지각   115
7 유기체의 미학   129
8 유기체 미학의 발전과 쇠퇴   143
9 예술 이론들   155
10 영감과 예술의 위상   177

195	결론
201	참고 문헌
227	찾아보기
231	옮긴이의 말
235	움베르토 에코 연보

서론

 길지 않은 이 책에서 나는 6세기부터 15세기에 걸치는 시기에 중세 라틴 문명의 에너지를 받아들인 미학적 문제들과 미학 이론들의 역사적 전개에 대해 탐구하고자 한다.
 〈중세 라틴〉이라는 말은 우선 그 당시 스콜라 철학의 전체 문화적 맥락과 스콜라 철학을 가리키는 동시에 그 당시 보통 사람들의 문화도 함께 언급하는 것이므로, 나의 일관된 관심은 당시의 이론들이 어떻게 실제적인 감수성 및 예술적 산물들과 관련되어 있었는지를 밝히는 것이다. 미학 이론을 해명하려는 나의 목적은 그 이론이 어느 정도까지 당대의 현실과 상응되어 있었는지, 그리고 어느 정도까지 당대의 현실과 거리를 두고 있었는지 찾아내는 데 있다. 즉 중세 미학과 중세 문화 및 문명의 다른 여러 면들 사이에 어떤 관계가 있었는지를 찾아내려는 것이다. 간단히 말해서 중세인들에게 영향을 주었던 미의 향수와 산물들로부터 발생하는 물음들에 대해 미학 이론이 효과적인 해답을 주었는지, 그리고 이론이 예술적 경험과 실천에 어떤 자극과 길잡이가 되었는지, 만약 그랬다면 어떻게 그럴 수 있었는지를 밝히고자 했다.

이런 식의 문제 제기로 중세에 대한 일반적인 반감, 말하자면 중세에는 미학이 없었으며 모호하고도 건조한 형이상학적 개념들 속에서 우화와 알레고리에 말려든 채 혼돈 상태였다는 반감이 극복되기 바란다.

만약 미학에 대한 의미를 어떤 특정 예술 개념이라고 한다면 — 예를 들어 예술은 감정의 서정적 직관이라고 보는 크로체의 이론 같은 것 — 중세 철학은 그러한 〈미학〉을 거부한다. 그런 식의 환원은 — 매 시대마다 기도했던 예술과 미적인 것에 대한 연구를 한 특정 미학의 산물로 단순화하는 것 — 방법에 대한 오해와 역사적 조망에 대한 납득할 수 없는 왜곡에 근거한다.

그 대신 우리는 어떤 한 시대가 당시를 살았던 사람들의 감수성과 문화에 드러난 대로의 미학적 문제들을 해결했던 방법들을 찾아야 한다. 그래야만 우리의 역사적 연구가, 우리가 생각하는 대로의 〈미학〉이 아닌 당대 고유의 감수성과 미의식의 입장에서 본 특정 문명의 역사에 기여하는 것이 될 것이다. 그리고 우리가 다루는 이론들 상호 간의 관념적 유사성을 모두 제쳐 놓아야만 그 이론들 중 어느 것이 아직도 정당성을 가지고 있는지 알 수 있을 것이다. 또한 그렇게 함으로써 현대를 살아가는 우리의 문제들 중 당면한 관심사와는 너무 먼 거리감으로 쉽게 잊히곤 하는 중세의 가르침에 뿌리를 둔 것이 어떤 것인지 명백하게 알 수 있을 것이다.

중세 미학의 영역은 풍요롭고, 그 학문을 다루는 사람에게 보람을 준다. 그래서 에드가 드 브륀의 『중세 미학 연구』 같은 기념비적인 저술은 예전에는 간과되었던 많은 자료들에 빛을 던져 주었다. 이 책에서 나는 중세인들에게 가장 강력한 영향을 주었으며, 관심을 둘 만하다고 여기는 문제들 중 일부를 다루려 한다. 개개인의 철학자들보다는 특정 주제들에 대해 논의하는 것이 더 나을 것 같다. 왜냐하면 각각의 체계 내에서 미학적 문제들에 대한 언급은 여기저기 흩어져 있어서 종합하기 어려운 경우가 많고, 여러 사상가들의 사상도 아무런 자료적 변화를 거치지 않은 채 앞뒤로 연관되어 있기 일쑤이기 때문이다. 방법론상 중세 철학은 전통에 깊숙이 뿌리내리고 있다. 변혁은 팡파르도 울리지 않고 아주 은밀하게 다가와서, 최종적으로 하나의 편하고 쉬운 제설(諸說) 종합주의에 흡수될 때까지 산발적으로 전개되어 갔다. 여러 주제들을 바라봄으로써 전통이 새롭고 논쟁의 소지가 많은 사상들에 자리를 물려주면서 주제들이 전개되어 나가는 것을 추적해 갈 수 있다. 각각의 문제들이 비판적이고 과학적인 엄숙함을 획득하면서 어떻게 발전되고 성숙해 가는지 따라가 볼 수 있는 것이다.

  중세 미학은 고전 시대로부터 다소 무비판적으로 물려받은 유산을 가지고 시작되었다. 그것은 완전히 새로운 정신이 주입된 유산이었다. 거기서부터 아름다운 것에 관한 형이상학과 인식론이 점진적으로 발전되었으며, 마침내는 유기적 가치를 지닌 미의 관념이 확립되었다. 실로 가장 성숙했던 시기였다. 앞으로 보게 될 터이지만, 그 후 이 개념은 쇠퇴한다. 전통적인 형이상학적 개념들은 무너지기 시작했고 예술 및 시적 행위의 개념은 점점 더 비체계적으로 변해 불안의 중심이 되었다. 아리스토텔레스적 전통은 더 이상 적절한 해답을 제공해 주지 못했다. 바야흐로 상상력과 천재의 매너리즘적 독트린을 위한 토대가 마련되었다.

1___중세의 미적 감수성

1.

중세 시대에 논의되었던 대부분의 미학적 문제들은 고전 고대 시대로부터 물려받은 것이다. 그러나 그리스도교 역시 미학적 문제들이 특징적인 성격을 띠는 데 한몫했다. 성서와 교부(敎父)들에게서 나온 사상들도 있었다. 그러나 이런 것들 모두가 하나의 새로운 체계를 가진 철학적 세계로 흡수되었다. 그러므로 미학적 문제들에 대한 중세의 사색은 독창적인 것이다. 한편으로 중세의 사고에는 물려받은 용어들을 그대로 복제해 놓은 것이 다수 포함되어 있다는 해석도 있다. 전통에 의해서 정당화되었고 체계에 대한 열망은 있었지만, 어떤 실제적인 의미는 없었다는 것이다. 미학 및 예술적 산물에 관해서 고전 세계가 자연에 눈을 돌렸다면 중세인들은 고전 세계에 눈을 돌렸다고 해석해 왔다. 말하자면 중세의 문화는 실재의 현상학이 아닌 문화적 전통의 현상학에 근거하고 있다는 것이다.

그러나 이런 해석들은 중세의 비판적 시각에 대한 적절한 그림이 못 된다. 분명히 중세인들은 자신들이 물려받아서 진리와 지혜의 보고로 여겼던 개념들을 숭배하긴 했다. 또 그들이 초월적인 세계의 반영으로서의 자연, 심지어는 초월적인 세계 앞에 놓여 있는 울타리로서의 자연을 들여다보고 싶어 했던 것도 분명하다. 그러나 동시에 그들은 자연계와 그 미적 특질에 대해 신선하고도 생생한 반응을 나타낼 줄 아는 감수성도 갖고 있었다.

우리가 자연미와 예술미에 대한 이런 자발성 — 관념과 이론에 의해서 생겨나긴 했지만 예지적이고 이론적인 것을 훨씬 넘어서는 반응 — 을 인정한다는 것은, 중세인들에게 〈미〉가 우선 추상적이고 개념적인 어떤 것을 가리키는 것이 아님을 깨닫기 시작했다는 것을 의미한다. 그들이 생각한 미는 일상의 감정들과 생생한 경험까지 말하는 것이었다.

중세인들은 사실 온전히 지성적으로 이해할 수 있는 미, 도덕적 조화와 형이상학적 광휘를 지닌 미를 생각하지는 않았다. 오늘날의 우리로서는 그들의 정신과 감수성을 매우 깊숙이 그리고 가깝게 이해해야만 이런 사실을 알 수가 있다.

스콜라 철학자들이 미에 대하여 말할 때 그것은 신이 가진 한 속성이라는 의미가 있었다. (예를 들어 플로티노스Plotinos에게 미의 형이상학과 예술의 이론은 전혀 상관이 없다. 〈현대〉를 살아가는 사람들은 신플라톤주의자들과 중세인들이 갖고 있었던 예지미 *intelligible beauty*에 대한 느낌을 상실했기 때문에 예술에 지나치게 과장된 가치를 부여한다……. 여기

서 우리는 미학이 전혀 알지 못하는 유형의 미를 다루고 있는 것이다.[1]

중세 사상에 나타나는 미를 이런 유형으로만 제한할 필요는 물론 없다. 우선, 중세적 경험에 있어서 예지미는 도덕적, 심리적 실재였다. 이런 식으로 다루지 않는다면 그들의 문화를 정당화할 수가 없다. 둘째, 비감각적 미에 대한 중세의 논의들이 감각적 미에 관한 이론들을 만들어 냈다. 중세인들은 비감각적 미와 감각적 미 사이에 유비*analogy*와 평행*parallel* 관계를 확립시켰으며, 한쪽이 제공하는 전제에서 다른 한쪽의 유래를 찾았다. 그리고 마지막으로, 미학의 영역이 오늘날에 비해 훨씬 넓었으므로 순수하게 형이상학적 의미에서의 미는 대상들의 미에 대한 관심을 자극했다. 어떤 경우든 이론과 더불어 평범한 사람들, 예술가들, 예술 애호가들이 그날그날 느끼는 감각적인 취향도 존재했다. 또한 이렇게 감각적 세계를 애호했다는 상당한 증거도 있다. 사실 이론적인 체계들은 감각적 세계를 정당화하고 그 길잡이 노릇을 하고 싶어 하며 감각계에 대한 애호 때문에 정신적 영역을 무시하는 결과가 되지 않도록 염려했던 것이다.[2]

---

1 E. R. Curtius, *European Literature and the Latin Middle Ages*, trans. by Willard R. Trask(London: 1953), p. 224, n. 20.
2 앨퀸*Alcuin*은 신을 사랑하기보다는 아름다운 피조물*species pulchras*, 향기로운 냄새*dulces sapores*, 어여쁜 소리를*sonos suaves* 사랑하기가 더 쉽다는 것을 인정했다[C. Halm, *Rhetores Latini Minores*(Leipzig: 1863), p. 550]. 그러나 우리가 그런 것들을 적절한 장소에 두고 숭배한다면 ─ 즉 그것들을 신에 대한 더 큰 사랑을 표현하는 보조 도구로 사용한다면 ─ 그

감각적 세계를 무시했다는 의미에서 중세 시대를 청교도적인 시기였다고 보는 견해는 그 시대의 문헌 기록을 무시하는 것이며, 중세의 정신성에 대하여 기본적으로 오해하고 있음을 드러내는 것이다. 중세의 정신성은 신비주의자 및 금욕주의자들이 미에 대해 취했던 태도에서 잘 나타난다. 어느 시대든 금욕주의자들은 세속적인 쾌락의 유혹에 대해서는 잘 알지 못한다. 조금이라도 아는 게 있다면, 그들이 그런 유혹을 더욱 예민하게 느낀다는 정도이다. 금욕주의적 교의를 담은 드라마는 지상의 쾌락이 부르는 소리와 초자연적인 것에 대한 열망 사이의 긴장 관계를 다루는 것이다. 그러나 교의가 승리해서 감각을 통제할 수 있는 평화를 가져오면 침착하게 지상의 사물들에 눈길을 돌려 그 가치를 볼 수 있게 되는데, 이것은 지금까지 금욕주의가 열띤 투쟁으로 막아 왔던 바로 그것이다. 중세의 금욕주의와 신비주의는 이러한 두 가지 심리 상태의 수많은 예와, 동시에 당시의 미학적 감수성과 관련해서도 매우 흥미로운 문헌들을 제공해 준다.

2.

12세기에는, 지나치게 과장되고 장식적인 예술로 교회를 장식하는 것에 반대하는 시토 수도회와 카르투지오 수도회가 주도하던, 주목할 만한 구호가 있었다. 시토 수도회의 법령은 비단, 금, 은, 스테인드글라스, 회화, 조각, 카펫의 무분별한 사용을 맹렬하게 비난하고 있다.[3] 클레르보의 베르나르St.

러한 숭배 *amor ornamenti* 는 적합하다고 덧붙이고 있다.

Bernard de Clairvaux, 네캄Alexander Neckham, 푸이우와의 위그Hugues de Fouilloy 등도 비슷한 입장이었다. 그들의 표현대로 하자면 〈과잉〉은 신앙인의 마음을 미혹케 하여 기도와 헌신으로부터 멀어지게 할 뿐이라는 것이었다. 그러나 그 누구도 장식이 아름답지 않다거나 즐거움을 주지 않는다고는 하지 않았다. 단지 그 강력한 흡인력 때문에 공격을 받았던 것이다. 그러한 흡인력으로 인해 주위의 신성한 본질을 지켜 나가기가 어려워진다고 여겼던 것이다. 위그는 그것을 놀랍지만 타락한 기쁨이라고 묘사했다. 여기서의 〈타락성〉에는 도덕적, 사회적 의미가 담겨 있으며 금욕주의에 대한 일관된 관심이 드러난다. 그들이 가졌던 의문은, 신의 자녀들이 궁핍하게 살고 있는데 교회가 사치스런 장식을 해도 되는가 하는 것이었다. 그러나 한편으로 즐거움을 놀라운 것*mira delectatio*이라 묘사한 것은 미적 특질에 대한 인식을 드러낸 것이라 할 수 있다.

베르나르는 『대수도원장 기욤에게*Apologia ad Guillelmum*』에서 수도사들이 세상의 것에 등을 돌릴 때 포기하는 것에 관해서 쓰고 있다. 여기서 그는 세상의 것을 모든 종류의 세속적 미를 포함한 것으로 확대하긴 하지만 비슷한 관점을 드러낸다.

> 그리스도를 위해서 세상에 있는 모든 값지고 아름다운 것들, 그 놀라운 빛과 색채, 달콤한 소리와 향기, 맛과 감촉의

---

3 *Consuetudines Carthusienses*, chap. 40(PL, 153, col. 717).

쾌락을 포기한 채 사회로부터 외면당한 우리에게 세속적인 모든 즐거움은 그저 똥에 불과하다……[4]

여기에는 분노와 독설이 가득하다. 그러나 분명히 베르나르는 자신이 포기한 바로 그 사물들의 진가를 제대로 인정하고 있다. 금욕주의에 대한 자신의 에너지 때문에 한층 더 강력하게 후회하는 글귀까지 남아 있다.

같은 책 속에 나오는 또 다른 구절에는 그의 미학적 감수성을 보여 주는 더 명백한 증거가 있다. 베르나르는 너무 크고 조각으로 어수선해진 교회들을 비판한다. 그러면서 그는 또 비판적 묘사의 한 모델이 되는 로마네스크의 클뤼니 *Cluny* 양식을 설명하는 것이다. 그는 경멸하는 입장이면서 역설적이게도 거부하는 것에 대해 유달리 세련된 분석을 하고 있다. 그 구절은 교회의 엄청난 크기에 대한 논박으로 시작한다. 〈기도 중에 눈을 혼란시키고 신앙심에 장애가 되는 그 거대한 높이, 엄청난 길이, 공허할 정도의 광대함, 사치스러운 광내기, 깜짝 놀랄 만한 그림들……. 내게는 이 모든 것들이 고대 유대인의 제사 의식을 연상시킨다.〉 그는 또 계속해서 이러한 부는 부를 끌어들이려고, 교회에 헌금하도록 자극하려고 의도된 것이 아닌가 묻는다. 〈그 밖에 다른 모든 것은 황금으로 뒤덮여 있어서 눈을 화려하게 채워 주고 지갑끈을 풀도록 만든다. 몇몇 성자들은 마치 더 대단하게 채색하면 할수록 더 신성하게 된다고 믿는 것처럼 미의 상징으로

---

[4] 이 글과 앞으로 나오는 베르나르의 인용문은 『대수도원장 기옴에게』 12장에 있는 것이다(PL, 182, cols. 914~916).

묘사되어 있다……〉 여기서 그가 거부하는 것이 무엇인지는 너무나 명백해서, 전체적으로 그에게 동의하고 싶어진다. 문제가 되는 것은 미적 특질이 아니라, 종교의 본질과는 무관한 목적, 즉 금전상의 이득을 위해서 미적인 것을 사용하는 것이다. 〈사람들은 달려 나가 거기에 입맞춤하고 헌금하도록 유도된다. 신성한 것을 존경하기보다는 미에 대해 더 큰 추앙을 바치는 꼴이 되고 마는 것이다……〉 장식이 기도로부터 멀어지게 만든다는 것이 그의 요지이다. 정말 그렇다면 조각이나 장식은 대체 무슨 용도를 갖고 있단 말인가?

수도원에서 열심히 수도에 몰두하고 있는 수도사들이 어째서 그토록 우스꽝스럽고 기형적인 것들과 마주쳐야 하는가? 이런 뒤틀린 아름다움, 이런 우아한 기형들의 의도는 무엇인가? 그 촌스러운 원숭이, 야만스러운 사자, 괴물 같은 켄타우로스, 반인(半人), 점박이 호랑이들, 싸우고 있는 군인들, 뿔피리를 불고 있는 사냥꾼들은 다 뭐란 말인가? 머리는 하나인데 몸은 여럿이거나, 몸은 하나인데 머리가 여럿인 것도 볼 수 있다. 뱀의 꼬리를 가진 동물이 있는가 하면 동물의 머리를 한 물고기도 있다. 앞은 말인데 뒤는 암염소인 짐승이 있는가 하면 말과 같은 뒷다리와 볼기짝을 가진 뿔 달린 동물도 볼 수 있다. 간단히 말해 놀랄 만큼 다양한 형상들이 너무나 여러 곳에 널려 있어서 책보다 대리석 속에 더 많은 읽을거리가 있으니, 하루 중 신의 법령을 놓고 사색하는 시간보다 그런 것들을 보고 놀라면서 보내는 시간이 더 많을 수도 있는 것이다. 신의 이름으로 말이다! 이렇게 어리석은 짓을 부끄러

1ㅡㅡ 중세의 미적 감수성

위하지 않는 것은 그렇다 치고, 왜 최소한 거기에 든 비용에 대해서조차 분노하지 않는 것인가?

이 구절에서 주목할 만한 특징은 당시의 기준에 비해 문체가 예외적으로 잘 짜여져 있다는 점이다. 사실 이것이 신비주의자들의 전형적인 면모다(또 떠오르는 인물이 페트루스 다미아니St. Petrus Damiani다). 시와 조형 예술에 대해 위협적으로 공격하는 것이 그들 문체의 모델이다. 이것을 놓고 특별히 놀랄 필요는 없다. 왜냐하면 신비주의자든 아니든 거의 모든 중세 사상가들은 젊은 시절에 이미 시적 단계를 거치기 때문이다. 아벨라르가 그랬고 베르나르, 빅토르파Victorines, 토마스 아퀴나스, 보나벤투라가 그랬다. 어떤 이들은 단순히 문체상의 습작만 하지만 또 어떤 이들은 중세 라틴어로 아주 고상한 시를 쓰기도 했다. 우리로서는 아퀴나스의 성체 찬미가 언급되기만 하면 된다.

그러나 금욕주의자들은 극단적인 성격 때문에 지금의 이 논의에 한층 더 적합한 견해를 가지고 있었다. 그들은 매혹적인 대상의 매력을 스스로 잘 이해하면서도 그것에 대하여 반대했다. 그로 인해 그들은 칭찬받으면서 동시에 위험한 집단으로 여겨졌던 것이고, 또 그랬기 때문에 그러한 견해를 가질 수 있었다. 이 점에서는 성 아우구스티누스의 열정적인 성실성이 선례가 되는데, 그는 『고백록』에서 기도하는 중에 성(聖) 음악의 아름다움에 반할지도 모른다는 불안감으로 마음이 혼란스럽게 되는 신앙인에 대해서 쓰고 있다.[5]

토마스 아퀴나스는 그와 비슷하면서도 좀 더 부드러운 톤으로 예배 중 기악곡을 사용하지 말 것을 충고했다. 기악곡은 너무도 확실히 쾌감을 자극하기 때문에 신실한 사람의 마음을 성 음악에 적합한 길로 돌릴 수 없다는 것이다. 종교 음악의 목적을 이루는 데는 성악곡이 가장 좋다고 했다. 성악곡은 영혼을 자극해서 좀 더 헌신하게 만들지만 기악곡은 〈영혼으로 하여금 선한 내면적 성질보다는 쾌락에 빠지도록 한다〉[6]고 쓰고 있다. 분명히 그 자체로는 타당하지만 잘못된 장소에 놓이면 위험한 미적 실재에 대한 인식이 여기에 담겨 있다.

중세의 신비주의자는 세속의 아름다움을 외면하고 성서와 자비의 상태에서 영혼의 내적 리듬을 관조적으로 향유하는 데서 피난처를 구했다. 어떤 사람들은 시토 수도회의 〈소크라테스적〉 미학에 대해서 말했는데, 그것은 영혼의 미에 대한 관조에 토대를 둔 것이었다. 베르나르는 〈내면적 미란 외면적 장식보다, 심지어는 왕들의 화려함보다도 아름다운 것〉[7]이라고 했다. 고문받은 순교자들의 육체는 보기에는 괴롭지만 그 내면적 미로 인해 밝게 빛난다는 것이다.

외면적 미와 내면적 미의 대립은 중세 사상을 이야기할 때마다 되풀이되어 나오는 주제이다. 세속적 미의 덧없음으로 인한 우울함도 존재했다. 보이티우스가 〈사물의 미란 덧없고 쉬 지나가 버리는 것이며, 봄꽃보다도 빨리 져버리는 것에 불과하다〉[8]라고 죽음의 문턱에서 슬퍼했던 것은 그 살아 있

---

5 St. Augustinus, *Confessions*, X, 33.
6 S. T., II-II, 91, 2.
7 St. Bernard, *Sermones in Cantica*, XXV, 6(PL, 183, col. 901).

는 예이다. 이것은 〈어디에 있는가*ubi sunt*?〉라는 도덕적인 주제의 미학적 변이로서 중세 문화에서는 불변하는 주제였다. 지나간 시간들의 영광은 어디로 갔는가? 거대한 도시들과 자랑하던 자들의 부와 힘센 자들의 업적은 어디에 있는가? 죽음의 승리라는 배경에서 우리는 덧없이 지나가 버리는 미에 대한 우울한 감각을 다양한 형식으로 발견하게 된다. 확고부동한 신앙을 가진 사람은 죽음의 유희를 평정과 희망을 가지고 바라볼지 모르지만 그 역시 슬픔의 고통을 당하기는 마찬가지인 것이다. 비용Villon의 독설적인 후렴구를 생각해 본다. 〈그런데 지나간 옛일들은 모두 어디에 있는가 *mais ou sont les neiges d'antan*?〉

소멸하고 마는 외적인 미와는 달리 소멸하지 않는 내면적 미에 대해서는 안심할 수가 있다. 중세인들은 이런 종류의 미로 도피하면서 죽음에 직면한 미학을 재건했다. 보이티우스는, 링케우스Lynceus의 눈을 가진 사람이라면 너무도 아름다워서 사랑받던 알키비아데스의 영혼이 얼마나 천한지를 알 수 있을 것이라고 했다.[9] 그러나 그것은 다소 심술 섞인 감정을 드러낸 것이고, 음악의 수학에 대한 보이티우스의 연구는 정신적으로 사뭇 달랐다. 그리스도교적인 영혼의 이상이 외면적으로 드러난 것으로서, 올곧은 육체 속에 깃든 올곧은 영혼의 미를 다룬 수많은 문헌들도 있다. 호이트의 질베르Gilbert of Hoyt는 〈그 풍요로운 미 속에 우미(優美)를 나타낼 수 있는 신체적 용모도 존중하라. 왜냐하면 외면적

---

8 Boethius, *The Consolation of Philosophy*, III, 8.
9 Boethius, 같은 책, III, 8.

얼굴은 그를 바라보는 사람들의 영혼을 새롭게 해주고 그것이 드러내는 내면의 우미로 우리를 살찌우기 때문〉[10]이라고 했고, 베르나르는 다음과 같이 썼다.

> 미의 광휘가 심장 깊숙한 곳에 가득 채워지면 되 밑에 숨겨진 등불과도 같이 바깥으로 나타나게 마련이다. 어둠 속에서 빛나는 불빛은 스스로를 감추려 들지 않기 때문이다. 육체는 정신의 이미지다. 정신은 광선을 앞으로 산란시키는 빛나는 불빛처럼 육체의 여러 부분과 감각들을 통해서, 행동과 담화, 용모, 동작을 통해서 널리 발산된다. 정신이 완전히 신실하며 진지한 기운을 띠고 있는 경우에는 심지어 웃음에서도 그 빛이 발산된다.[11]

금욕주의의 논쟁에서 우리는 인간적 미와 자연적 미에 대한 감각을 발견하게 된다. 그리고 규율과 엄격함이 지식과 사랑의 평온함 속에 담겨 있는 빅토르파의 신비주의에 이르러서는 마침내 자연미가 모든 실제적인 가치 면에서 회복된다. 빅토르의 위그 Hugues de St. Victor에게, 관조(觀照)는 지성의 도움을 필요로 하며, 특정하게 신비적인 경험에만 국한되는 것이 아니라 감각계에 관여할 때에도 일어날 수 있는 것이다. 관조는 〈영혼이 보이는 것 속으로 쉽고도 명민하게 파고들어 가는 것〉[12]이라고 그는 쓰고 있다. 그리고 그때 관

---

10 Gilbert of Hoyt, *Sermones in Canticum Salomonis*, XXV, 1(PL, 184, col. 129).
11 St. Bernard, *Sermones in Cantica*, LXXV, 11(PL, 183, col. 1193).

조는 사랑의 대상들에게 기쁘게 달라붙게 된다. 심미적 즐거움은 영혼이 자신의 내적 조화를 대상 속에 복제했을 때 일어난다. 그러나 지성이 지상의 형식을 갖춘 경이와 미를 자유로이 관조할 때에도 심미적 요소는 있다. 〈세계와 그 속에 있는 모든 것을 보라. 아름답고 바람직한 것들을 많이 발견하게 될 것이다……. 황금은 광채를, 육체는 아름다움을, 의복과 장신구들은 그것들 나름의 색채를 가지고 있다.〉[13]

그러므로 그 당시의 미학적 저술들 속에는 아름다운 것에 대한 이론적인 논의뿐만 아니라 자발적인 비판적 즐거움의 표현들도 풍부했다는 것을 알 수 있다. 당시의 감수성이 이론적 담화들과 얼마나 밀접하게 연관되어 있었는지를 보여주는 것이 바로 그런 것들이다. 그런 표현들이 신비주의자들의 저술 속에서 발견되고 있다는 사실이 논증적인 가치를 더해 준다.

중세 시대에 매우 일반적이었던 주제를 담고 있는 예를 마지막으로 하나 들어 본다면 바로 여성적인 미다. 방돔의 마티아스Matthew of Vendôme가 자신의 『작시술 Ars Versificatoria』에서 아름다운 여인들을 묘사하기 위한 규칙들을 정립한 것은 그다지 놀랄 일이 아닐 것 같다.[14] 사실 그는 고대인들을 모방하는 데 있어 일종의 현학적 농담에 몰두

---

12 Hugues de St. Victor(Hugh of Paris), *De Modo Dicendi et Meditandi*, 8(PL, 176, col. 879).

13 Hugues de St. Victor, *Soliloquium de Arrha Animae*(PL, 176, col. 951).

14 Matthew of Vendôme, *The Art of Versification*, translated by Aubrey E. Galyon(Ames, Iowa: 1968).

하면서 적당히 진지했을 뿐이다. 문외한들이 자연계에 대해 더 큰 감수성을 갖고 있다는 것도 말이 된다. 구약의 「아가」에서도 배우자의 아름다움에 대해 노래하는 것을 볼 수 있다. 그 목적이 비유적인 의미, 즉 가무잡잡하지만 보기 좋은 신부의 신체적 속성에 대한 초자연적인 유사물을 발견하는 것이었다 하더라도, 그들이 여성미의 고유한 이상에 대해 거드름을 피우며 그 과정에서 여성에 대해 충분히 세속적인 평가를 자발적으로 드러내는 것을 자주 볼 수 있다. 캔터베리의 볼드윈Baldwin of Canterbury은 주름을 찬양했다. 비유적으로 말하긴 했지만, 주름의 아름다움을 설득력 있고도 정확하게 묘사하고 주름이 미적으로 호소하는 것을 뚜렷하게 언급했기 때문에 패션에 관한 그의 민감한 취미를 숨기지 못하고 있다.[15] 또 호이트의 질베르도 진정으로 쾌감을 줄 수 있는 여성의 젖가슴 크기를 규정한 구절을 쓴 바 있다. 어쩌면 오늘날에 와서는 그의 진지함이 악의로 가득 차 있었다는 것을 알게 될지 모른다. 그의 이상은 중세의 세밀화 속에 나오는, 꽉 낀 코르셋을 입어 젖가슴을 조여 올린 여성들을 연상시킨다. 〈젖가슴은 적당한 크기와 융기를 가지고 있어야만 한층 쾌감을 준다. ……동여매되 납작하게 만들어서는 안 되며, 부드럽게 억눌러야지 너무 멋대로 내버려 두어서는 안 된다.〉[16]

15 Baldwin of Canterbury, *Tractatus de Vulnere Charitatis*(PL, 204, col. 481).
16 *Sermones in Canticum Salomonis*, XXXI, 4(PL, 184, col. 163).

3.

신비주의자에서 중세 문화의 다른 영역으로 방향을 튼다면, 그 대상이 평신도든 성직자든 간에 더 이상 자연미와 예술미에 대해 예민한 반응들이 있었는지 질문할 수가 없다.

몇몇 권위 있는 저자들은 중세인들이 자신들이 갖고 있는 미에 대한 형이상학적 개념들과 예술적 기교에 대한 지식들을 어떻게 연관시켜야 좋을지 몰랐으며, 그 둘을 전혀 다르고 서로 상관없는 세계로 인식했다고 주장한다. 나는 이런 견해에 의문을 던지고 싶다. 우선, 예술과 미가 서로 상관되어 있었던 언어와 감수성이라는 영역이 있었다. 그것은 빅토르 모르트Victor Mortet의 『건축사에 관한 자료집*Recueil de textes relatifs à l'histoire de l'architecture*』에 잘 나와 있는 영역이다.[17] 여기서 성당 건축에 관한 기록들을 보면 예술을 둘러싼 의문들에 관한 의견 교환, 예술가들에 대한 의뢰, 그리고 형이상학적인 미적 개념들이 예술적 판단들과 뒤섞여 있다. 이런 상호 뒤섞임이 일상사였음은 분명하다. 단 그것이 철학적인 단계에서도 인식되었는지는 앞으로 논의하겠다.

또 하나의 물음은 이것이다. 중세인들은 자신들의 예술을 교훈적인 목적으로 이용하곤 했다. 그렇다면 그들이 무관심적 미적 경험[18]의 가능성에도 주의를 기울였을까? 여기서 야기

---

17 Victor Mortet, *Recueil de textes relatifs à l'histoire de l'architecture*, 2 vols.(Paris: 1911, 1929).

18 미적 경험에 있어서 잠시 동안 실제적으로 우리가 관심을 갖는 모든 문제들, 즉 당장 우리에게 중요한 모든 실리적인 문제들을 의식에서 제거한 상태를 말한다. 이 미학 용어는 칸트가 실마리를 찾아 전개시킨 바 있다 — 옮긴이주.

되는 예술에 있어서 미의 자율성에 관한 문제는 궁극적으로 자연과 중세의 비판적 취미의 한계에 관한 것이다. 이 물음에 답하기 위해서 많은 자료들이 사용될 수 있겠지만, 특별히 대표적이고 의미 있는 몇몇 자료만 있으면 충분할 것이다.

하위징아J. Huizinga는 『중세의 가을The Waning of the Middle Ages』에서 〈미적 쾌감의 의식과 그 표현은 아주 더디게 성장한다. 파치오Fazio와 같은 15세기 학자는 자신의 예술적 감탄을 발산하면서 평범한 경이의 언어 이상은 쓰지 않는다〉는 점에 주목한다.[19] 이 시점에서 그의 주목은 부분적으로 옳다. 그렇지만 언어의 부정확함과 미적 관조 상태의 부재를 동일시하지 않도록 주의해야 한다. 주목해야 할 것은 예술미의 여러 감정들이, 그것이 일어나는 순간 어떻게 신과의 교감 및 생의 환희로 변환되었나 하는 것이다. 사실 하위징아 자신도 이에 주목하고 있다.[20] 여러 가치들을 하나로 특별하게 통합하던 시대에는 이런 식으로 미를 파악하는 방식이야말로 적합한 방식이 아니었을까?

12세기에는 심미안을 가진 예술 애호가의 전형이 있었다. 예를 들면 생드니의 수도원장이었던 쉬제르Suger가 그런 인물이다. 정치가이자 인문주의자였던 쉬제르는 일 드 프랑스의 예술 및 건축 기획 사업의 책임을 맡고 있었다.[21] 그는 심

19 J. Huizinga, *The Waning of the Middle Ages*, translated by F. Hopman (Harmondsworth: 1965), pp. 254~255.
20 J. Huizinga, 앞의 책, p. 256.
21 Erwin Panofsky, *Abbot Suger on the Abbey Church of St.-Denis and its Art Treasures*(Princeton: 1946) 참조. 또 Elizabeth G. Holt, *A Documentary History of Art*, 2 vols.(New York: 1957), I, pp. 22~48 참

리적으로나 도덕적으로 베르나르 같은 금욕주의자와는 아주 대조적이었다. 생드니의 수도원장인 그에게 신의 전당이란 모름지기 아름다운 모든 것을 진열해 놓은 장소라야 했다. 솔로몬 왕이야말로 그의 모델이었으며 그의 지도 이념은 〈신의 전당의 아름다움을 보고 기뻐하라 *dilectio de coris domus Dei*〉였다. 생드니의 금고는 보석류 및 쉬제르가 애정 어린 정확함으로 기술했던 예술품으로 가득 채워져 있었다. 한 예로 그는 이렇게 쓰고 있다.

우리 선조들의 시대에 볼모로 분실되었던 것의 대치물로서, 풍신자석(風信子石)과 토파즈 같은 귀금속으로 장식된 140온스의 대형 황금 성배와…… 조각가와 광택 내는 사람의 손이 훌륭하게 빚은 반암(班岩) 화병은 수년간 금고 속에 헛되이 방치되어 있다가 성찬용 포도주 병에서 독수리의 형상으로 바뀌었다.[22]

이런 화려한 물품들을 나열하는 과정에서 그는 그토록 경이롭게 교회를 장식하는 일에 대한 자신의 즐거움과 정열을 표현하고 있다.

우리의 성모이신 교회에 대한 얄팍한 애정에서 우리는 흔히 오래되었거나 새로운, 서로 다른 장식들에 대해 생각해 보

조. 쉬제르의 *De Rebus Administratione sua Gestis*는 PL, 186, cols. 1211~1239에 있다.
22 Erwin Panofsky, 앞의 책, pp. 77, 79.

게 된다. 우리가 좀 더 작은 십자가들이나 성 엘로이의 훌륭한 십자가와 마찬가지로 〈문장(紋章, the Crest)〉이라고 부르는 저 비할 데 없는 장식을 볼 때면 나는 마음 깊은 곳에서부터 탄식하며 이렇게 말한다. 〈붉은 마노, 토파즈, 벽옥, 귀감람석, 얼룩 마노, 녹주석, 사파이어, 석류석, 에메랄드 등 모든 귀금속은 그대의 덮개로다.〉[23]

일반적으로 쉬제르가 귀금속과 황금에 마음을 빼앗겼다는 하위징아의 평가에 동의하기 쉽다. 그러나 그의 주된 정서는 미에 관한 것이라기보다는 경이 kolossal의 감정이었다. 그러므로 쉬제르는 예술품뿐 아니라 앞뒤 맞지 않는 기이한 물품까지 모아 자신들의 창고를 채워 놓았던 중세의 다른 수집가들과 마찬가지였던 것이다. 베리 공의 소장품에는 일각수의 뿔, 성 요셉의 약혼반지, 코코넛, 고래의 이빨, 7대양에서 모은 조개껍질까지 포함되어 있었다.[24] 그 종류는 약 3천여 가지에 달했다. 7백 점 정도는 그림이었으나 미라 처리된 코끼리, 히드라, 괴사(怪蛇), 한 수도원장이 동물의 알 속에서 발견한 또 다른 알, 기근 중에 떨어진 만나 등도 포함되어 있었다. 그러므로 우리는 중세적 취미의 순수성을 의심하면서도 예술과 기형학, 아름다운 것과 이상한 것을 구별해 내는 그들의 능력을 인정하는 것이다.

그럼에도 쉬제르가 거의 전문적인 어법을 사용해서 귀중

---

23 Erwin Panofsky, 앞의 책, p. 63.
24 J. Guiffrey, *Inventaire de Jean*, duc de Berry (Paris: 1894~1896) 참조.

1___ 중세의 미적 감수성

한 물품을 기술해 놓은 다소 소박한 물품 목록을 보면 두 가지 요소가 결합된 것을 알 수 있다. 즉각적인 즐거움을 주는 것을 천진난만할 정도로 좋아한다는 것 — 이것이 미적 반응의 초보적인 형태다 — 과 예술 작품에서 사용된 소재들에 대한 무비판적인 인식 — 소재의 선택 그 자체가 일차적이고 근본적인 창조 행위라는 인식 — 이 그것이다. 형성 과정에서 느끼는 즐거움보다는 소재에서 느끼는 즐거움이란 점이 중세의 미적 반응에서 나타는 일종의 공통된 불변성을 시사해 준다.

하위징아는 중세인들이 자신들 앞에 놓인 독특한 예술 대상에 상상력을 붙들어 매두지 않고 자유롭게 놔두었다는 점에 자주 주목한다. 이것은 사실이며 나 또한 이 점으로 돌아갈 것이다. 그러나 여기에서 우리는 쉬제르가 미적 즐거움을 신비한 생의 환희로 바꾼 중세적 변형을 우리에게 문서로 제공했다는 것에 주목해야 한다. 그가 교회 내에서 미를 경험한 것에는 어떤 무아지경 같은 특질이 있다.

그래서 신의 전당의 아름다움에서 기쁨을 느끼면서 여러 색색의 보석들을 애호하다 보면 외적 근심으로부터 떠나게 되고, 물질적인 것이 정신적인 것으로 바뀌면서 가치 있는 사색이 나로 하여금 신성한 덕의 다양성에 대해 반성하게 하면, 나 스스로 전적으로 지상의 진흙탕 속에 존재하는 것도 아니고 그렇다고 전적으로 천상의 순수함에 존재하는 것도 아닌 이 세계의 좀 낯선 영역 속에 거하고 있음을 알게 되며, 신의 은총으로 비유적인 방식에 의해 이 열등한 세계에서 좀 더 높

은 세계로 옮겨 갈 수 있다는 것도 알게 된다.[25]

이 구절에서 우리는 여러 가지 면에 주목해야 한다. 예술적 소재들의 감각적인 면은 분명히 미적 경험을 불러일으킨다. 그리고 그 경험은 단순히 감각적인 것에 대한 쾌감도 아니고, 그렇다고 초자연적인 것에 대한 예지적인 관조도 아니다. 미적 즐거움으로부터 신비한 환희로의 이행은 〈비유적〉이란 단어가 시사하는 것보다는 좀 더 즉각적인 것이다. 중세적 취미는 예술의 자율성과 관계있는 것도 아니고 자연의 자율성과 관계있는 것도 아니라는 결론을 내릴 수 있을 것이다. 거기에는 관조된 대상과 선험적인 것 앞에 열려 있는 우주 사이에 존재하는 모든 상상 속의 초자연적인 관계들에 대한 이해가 내포되어 있다. 그것은 구체적 대상 속에서 존재와 신의 능력에 대해 성찰하고 거기에 관여하는 것을 인식했다는 것을 뜻한다.

4.
이 모든 문헌들은 중세인들에게 미적 감수성이 있었음을 부인하는 것이 아니라 그들이 실제로 소유했던 미적 감수성의 특이성을 규정짓는 효과를 갖는다. 통합의 개념은 주요한 설명적 역할로 드러나게 되는데, 여기서 하나로 통합된 문화는 그 해당 문화에 필연적인 여러 한계들 내에서 상호 관련되어 가치 체계들이 서로 관계를 갖는 문화를 의미하게 된다.

---

25 Erwin Panofsky, 앞의 책, pp. 63, 65.

이러한 가치들의 통합으로 인해 중세 시대에는 미*pulchrum*, *decorum*와 실용성 혹은 우수성*aptum*, *honestum*의 구별이 없었던 것을 오늘날의 우리로서는 이해하기 어렵다. 이런 용어들은 스콜라적인 문학과 시적 기교에 대한 중세의 문헌들 여기저기에 흩어져 있다. 그 두 범주가 이론적인 단계에서는 자주 구별되어 쓰였다. 예를 들어 이시도루스Isidorus는 풀크룸*pulchrum*은 그 자체로 아름다운 것을 가리키고 압툼 *aptum*은 다른 어떤 것과 관계되었을 때 아름다운 것을 가리킨다고 했는데,[26] 이것은 키케로에서 성 아우구스티누스를 거쳐 일반적인 스콜라 철학으로 이어지는 명제다. 그러나 이론과는 달리, 예술에 대한 실제적인 중세의 견해는 그 두 가치들을 구별하기보다는 혼합하려는 것이었다. 예술의 미를 찬미한 바로 그 저자가 예술의 교훈적인 기능도 주장했던 것이다. 쉬제르 자신도 일반인들이 성서를 통해 파악할 수 없는 것은 무엇이든지 그림을 통해서 가르쳐야 한다고 하는, 1025년 아라스 교회 회의Synod of Arras에서 인가된 견해를 채택했다. 호노리우스Honorius는 회화의 마지막은 세 가지를 나타내야 한다고 썼다. 즉 하나는 신의 전당을 아름답게 하는 것이고, 둘은 성자들의 삶을 마음속에 불러일으키는 것이며, 마지막으로 〈회화는…… 평신도의 문학이어야 한다〉는 것이다.[27] 문학에 관해 인정된 견해는 문학이 〈교훈적이면서 동시에 즐거움을 주어야〉 한다는 것, 즉 문학은 지성의 고귀함과 웅변의 미를 동시에 나타내야 한다는 것이었다. 이것이 카롤

---

26 St. Isidorus, *Sententiarum Libri*, I, 8, 18(PL, 83, cols. 551~552).
27 Honorius, *Gemma Animae*, chap. 132(PL, 172, col. 586).

링거 왕조 시대 문학*literati*의 미학이 지닌 기본 원칙이었다.

이런 견해들은 지나칠 정도로 심하게 강요되어 남용되는 경우가 많았다. 그러나 그런 견해가 근시안적이고 초보적인 교훈주의를 드러낸 것은 아니었음에 주목해야 한다. 사실 중세인들은 자신들의 비판적인 감각의 결함 때문이 아니라, 사물에 대한 자신들의 도덕적 반응과 미적 반응의 일치 때문에 그 두 가치 영역의 분리가 극도로 어렵다는 것을 알고 있었다. 그들에게 삶이란 완전히 통합된 어떤 것이었던 듯하다. 현대 철학에서도 인간 삶에 있어 통합의 필요성이 중심 과제인 것을 보면, 오늘날 그 시각의 긍정적인 측면들을 재발견할 수 있을지도 모르겠다. 중세인들의 길은 더 이상 우리에게 열려 있지 않지만, 적어도 그들이 우리에게 제시한 패러다임만큼은 가치 있는 통찰력의 원천이 될 수 있으며, 여기서 그들의 미적 교리들은 큰 중요성을 가지는 것이다.

스콜라 철학의 주요 문제들 중 하나가 미를 형이상학적 차원에서 다른 형태의 가치들과 통합하는 문제였다는 것은 결코 우연이 아니었다. 그들이 미의 초월적인 성격에 대해 논한 것을 보면, 그것이 자신들의 통합된 감수성을 위한 토대를 형성하려는 주된 시도였다는 것을 알 수 있다. 그들은 미적 가치의 자율성을 인정했을 뿐 아니라 일원적인 가치 구도 내에서 미적 가치의 위치 또한 고려했다. 이것을 다시 중세의 용어로 말하자면, 그들은 존재의 초월적인 측면을 일원적으로 바라보는 구도 속에 미적 가치를 두었다는 것이 된다.

2 초월적인 미

 중세 시대에 끊임없이 되풀이되어 나타나는 주제 중 하나는 존재 일반의 미다. 그 시대는 암흑과 모순이 발견되는 때이기도 하지만 당시의 철학자와 신학자들은 세계에 대해서 빛과 낙관주의로 가득 찬 이미지를 가지고 있었다. 「창세기」에서 가르치는 대로 〈이렇게 만드신 모든 것을 하느님께서 보시니 참 좋았다……. 이리하여 하늘과 땅과 그 가운데 있는 모든 것이 다 이루어졌다〉.[1] 또한 「지혜서」도 하느님께서 수와 무게와 척도에 따라 세상을 창조하셨다고 가르치고 있다.[2] 앞으로 알게 될 터이지만, 이런 개념들은 우주론적일 뿐만 아니라 미학적으로 사용된 것인 동시에 선, 즉 형이상학적 선 *Bonum*의 표현으로도 사용된 것이다.

 우주에 대해 이런 범미적(汎美的) 시각을 낳게 한 것은 교부들이 확장시키고 증폭시킨 성서였다. 그러나 성서 역시 고

---

1 「창세기」 1장 31절과 2장 1절.
2 「지혜서」 11장 21절.

전의 유산에 의해 검증된 것이었다. 이 세상의 미가 이상적인 미의 영상이며 반영이라는 이론은 원래 플라톤적인 것이다. 칼키디우스Chalcidius가 『티마이오스*Timaeus*』에 대한 주석에서 이 세상의 비할 데 없는 미에 관해 쓴 것은 중세 사상의 형성에 근본적인 역할을 한 저술의 결론을 다시 되풀이한 것에 지나지 않는다.

이로 말미암아 우리의 세계는 가사(可死)와 불사(不死)의 피조물들로 가득 차 완성을 보게 되었고 장엄과 선, 미, 완전성 속에 있게 되었다 — 이 가시적인 생물체는 예지적인 것과 유사하게 만들어진 것이며 신은 이 모든 가시적인 것을 품어 안은 채 유일한 독생자인 이 우주를 거느리고 있는 것이다.[3]

또한 키케로도 『신들의 본성에 관하여*De Natura Decorum*』에서 목소리를 보탰다. 〈이 지상보다 더 좋거나 더 탁월하거나 더 아름다운 것은 없다.〉[4]

고전적 범미주의에 대한 이런 확신에 찬 발언들은 중세 시대에 한층 더 단호한 용어로 번역되었는데, 그것은 부분적으로는 손수 작업하신 하느님의 사랑을 그리스도교적 정서로 나타낸 것이고, 부분적으로는 신플라톤주의적인 귀결이다. 이 두 가지 영향이 아레오파구스의 재판관 디오니시우스의 『신명론*De Divinis Nominibus*』 속에서 함께 결실을 맺고 있

---

3 Platon, *Timaeus*, translated by A. E. Taylor(London : 1929), p. 100.
4 Cicero, *De Natura Deorum*, II, 7.

다. 이 저작은 세계를 미의 그칠 줄 모르는 광휘, 광휘의 눈부신 폭포로 기술하고 있는데, 이는 제1미의 편재에 대한 웅장한 표현이다.

그러나 본질적으로 아름다운 것은 〈절대미〉라고 일컬어진다. 그 이유는 모든 사물들에 각각의 본질에 따라 다양하게 나누어 주는 특질을 갖고 있기 때문이며, 또한 빛과 같이 원래 광선의 상호 교통을 아름답게 만들면서 모든 사물들에 퍼져 나가는 조화와 광휘의 근본 원인이기 때문이며, 모든 사물들을 소환하여(그로 인해 〈공평함Fairness〉이라는 이름을 부여받게 된다) 그 자신에게로 돌아가게 하기 때문이며, 모든 사물들을 상호 삼투의 상태로 끌어내기 때문이다.[5]

디오니시우스의 주석자들 중 그 누구도 이런 놀라운 시각을 거부한 사람은 없었다. 그러한 시각은 한계가 있고 모호하긴 했지만 중세의 영혼이 가졌던 자연적이고 즉각적인 정서에 일종의 철학적 위상을 실어 주었다. 요한네스 스코투스 에리우게나는 신이 당신의 이루 말로 다 할 수 없는 미로 스스로 현신하는 것이 이 세계라고 보았다. 신은 물질적인 미와 이상적인 미 속에 모두 반영되며 모든 창조물의 아름다움 속에 널리 퍼져 있는 것이다. 모든 만물들, 비슷한 것과 비슷하지 않은 것, 형상과 유(類), 본질적 원인과 우연적 원인의 서로 다른 질서들이 하나의 놀라운 통일성 속에서 함께 결합

---

5 Dionysius the Areopagite, *The Divine Names*, translated by C. E. Holt(London : 1920), pp. 95~96.

되어 있는 것이다.[6] 이 세계의 다음성(多音性)이라는 주제로 돌아가지 않은 중세의 저자는 단 한 사람도 없었다. 그래서 우리는 철학적 언어의 냉정함 및 절제와 함께 광적인 환희의 외침이 들리는 것을 종종 느끼게 된다.

이 세계의 질서와 훌륭함을 고려한다면…… 이 세계가 매우 아름다운 찬송가와 같다는 것을 알게 될 것이다……. 그리고 이 세계 피조물들의 경이로운 다양성은 최극단의 환희 및 조화의 교향곡임도 알게 될 것이다.[7]

세계를 보는 이러한 미학적 시각을 철학적으로 표현하기 위해 상당히 많은 수의 개념들이 구축되었다. 그러나 그것들은 모두 궁극적으로 「지혜서」에 나오는 세 가지 용어, 즉 수 *numerus*, 무게 *pondus*, 척도 *mensura*에서부터 유래되어 나왔다. 그렇게 해서 차원 *modus* · 형상 *forma* · 질서 *ordo*, 실체 *substantia* · 본질 *species* · 힘 *virtus*, 결정짓는 것 *quod constat* · 균형짓는 것 *quod congruit* · 구별짓는 것 *quod discernit* 등의 삼화음(三和音) 개념들이 나왔다. 그러나 이런 용어들이 언제나 체계적으로 통합되는 것은 아니었다. 또 그것들은 아름다운 것뿐만 아니라 선한 것도 규정지어야 한다는 또 다른 목적에도 맞아야 했다. 그 예가 기욤 도세르 Guillaume d'Auxerre다.

---

6 Johannes Scotus Eriugena, *On the Division of Nature*, translated by Myra L. Uhlfelder (Indianapolis: 1976), III, 6 참조.

7 Guillaume d'Auvergne, *De Anima*, V, 18, LB에서 인용.

실체의 선함과 미는 동일한 것이다……. 사물의 미는 세 가지 속성 속에 존재한다(본질, 수, 질서). 아우구스티누스는 바로 이 속에 사물의 선함이 존재한다고 말한다.[8]

그러나 스콜라 철학은 전개 과정의 어느 한 시점에서 이 셋으로 분류한 용어들을 체계화할 필요성을 느꼈다. 말하자면 과학적 언어가 아닌 은유적인 언어로 옮기면서 너무나 광범위하고 모호하며 서정적이었던 이 범미적 감수성을 철학적 열정으로 단호하게 규정지을 필요를 느꼈던 것이다.

그래서 13세기에는 이 문제에 대한 엄밀한 해결책을 찾는 데 상당히 비판적인 노력을 기울였다. 그것은 부분적으로 카타리파Cathari와 알비종파Albigensian 같은 이단에서 나타난 마니교의 부흥 때문에 일어난 노력이었다. 스콜라 철학자들은 이 세계가 본질적으로 불확실한 결과를 낳는 선과 악 사이의 투쟁을 나타낸다는 시각에 직면하여, 가장 어두운 부분에서조차도 창조의 긍정적인 성격을 논증해 보이려고 노력했던 것이다.

이러한 목적을 위해 그들이 전개했던 전략에는 초월적인 속성들이 존재의 〈부수 조건〉이라는 이론이 포함되어 있었다. 일치, 진리, 선 등의 가치가 산발적이고 우연적으로 현실화된 것이 아니라, 광범위하게 형이상학적인 속성으로서의 존재에 부착되어 있는 것이라고 한다면 모든 존재는 하나이며, 또한 진실되고 선한 것이 될 것이다.

---

8 Guillaume d'Auxerre, *Summa Aurea*, LB에서 인용.

이것이 대법관 필립Philip the Chancellor의 『선 대전 Summa de Bono』의 지적 기류였다. 이 저술은 13세기 초에 쓰인 것으로, 초월적인 것의 개념에 대해 정확한 의미를 확립하려고 했던 최초의 시도였다. 비록 아랍의 아리스토텔레스주의자들에게도 영향을 받긴 했지만 그는 아리스토텔레스가 『형이상학』[9]에서 하나the One와 참된 것에 대해 논의한 내용에 근거를 둔 하나의 체계를 선보이고 있다. 필립은 마니교도들과의 투쟁을 염두에 두고 선의 개념을 특별히 강조했으며 아랍인들에게 고무되어 초월적 개념들의 동일성과 전환 가능성의 이론을 전개했다. 초월적 개념들은 오직 〈이성에 따라 secundum rationem〉, 즉 우리가 사물을 생각하는 방법에 따라 달라진다. 〈선과 존재는 서로 전환 가능하다…… 왜냐하면 선은 이성과 조화를 이루는 존재 속에 풍부하게 있기 때문이다.〉[10] 선은 존재가 추구하는 목적과 일치하는 완전함 속에 나타나는 것이며, 하나됨은 분리가 불가능하다는 점에서 드러나는 것이다.

필립 자신은 미에 대해 어떤 언급도 하지 않았다. 그러나 그의 동시대인들 중 많은 수가 미에 대해 언급했는데 특히 〈위(僞) 디오니시우스〉[11]에 대한 주석에 그런 언급이 많다. 〈위 디오니시우스〉의 저자가 미에 대해서 일관되게 언급한

---

9 Aristoteles, *Metaphysica*, III, 3; IV, 2; X, 2.

10 Philip the Chancellor, *Summa de Bono*. Quoted in Henri Pouillon, "Le Premier Traité des propriétés transcendentales", *Revue néoscholastique de philosophie*, XLII(1939), pp. 40~77.

11 디오니시우스의 작품이라 추정되었으나 사실은 가짜로 판명된 자료를 가리키는 이름 — 옮긴이주.

것이 그들로 하여금 미가 초월적 개념인지 아닌지 탐구하게 했던 것이다. 주석자들은 세 가지 일을 했다. 첫째로 그들은 자신들의 범미적 감수성을 반영할 수 있는 미에 대해 엄밀한 규정을 확립하고자 했다. 둘째로 그들은 앞에서 언급했던 삼화음 용어들을 보편적인 개념의 언어와 결합해 설명하고자 했다. 셋째로 그들은 선과 미의 관계를 스콜라 철학의 방법론이 요구하는 것에 맞도록 심오한 형이상학적 수준에서 명료화하고자 했다. 그 시대의 기류는 통합된 가치들을 원했다. 당시의 감수성은 그리스도교에서 수정했지만 선과 미가 결합된 그리스 칼로카가디아*kalokagathìa*(선미 사상)의 정신을 호흡하고 있었다. 그래서 스콜라 철학은 이러한 가치들의 정체성을 위한 토양과 가치들이 자율적이라는 점들을 확립하고 싶어 했다. 만약 미가 존재 전체의 한결같은 속성이라는 것을 밝힐 수 있다면, 이 세계의 미가 단순한 시적 감상이 아니라 형이상학적 확실성 위에 근거를 두었음을 알 수 있었을 것이다. 초월적인 개념들을 생각에 따라*secundum rationem* 구분 지을 필요성 때문에 사물이 아름답게 보일 수 있는 특정 조건들을 규정짓게 되었다. 말하자면 가치들의 궁극적인 일치 속에서 미의 자율성에 필요한 조건들 말이다.

이 모든 것이 철학이 어느 시점에서 미학적 문제들을 분석해야 할 필요를 느꼈음을 보여 준다. 중세 초기에는 미에 대해 수많은 언급들이 있었지만, 그와 동시에 미와 연관된 어떠한 특정 개념도 전개하지 않으려는 태도도 있었다. 그 흥미 있는 예를 〈위 디오니시우스〉의 번역에서 찾아볼 수 있다. 두 번역자가 〈위 디오니시우스〉를 번역하면서 〈칼론*kalòn*〉

과 〈칼로스*kàllos*〉라는 단어를 다루는 방식이 서로 달랐던 것이다. 827년 첫 번째 번역자인 일뒤앵Hilduin은 『신명론』 중의 한 문장을 이렇게 번역했다.

> 선함과 선한 것은 각기 모든 것을 포괄하는 단일한 원인을 가리킬 수 없다……. 왜냐하면 하나의 사물은 그것이 선함에 관여해야만 선하다고 칭해지기 때문이다…….

여기서 〈칼론〉은 〈선하다〉의 존재론적 의미를 지칭하기 위해 취해졌다. 그러나 3세기가 지난 후 요한네스 사라케누스 Johannes Saracenus는 같은 구절을 다음과 같이 번역했다.

> 미와 아름다운 것은 각기 모든 것을 포괄하는 단일한 원인을 가리킬 수 없다……. 왜냐하면 하나의 사물은 미에 관여해야만 아름답다고 칭해지기 때문이다…….[12]

이 번역자는 솔즈베리의 존John of Salisbury에게 보내는 한 편지에서 자신이 자구 자체보다 의미에 따라 디오니시우스를 번역했음을 상기시키고 있다.[13] 여기에 담겨 있는 것은 철학적 정확성이 아니라 내용상의 차이이다. 의미에 따라 번역했다는 것은 단어들을 해석하려 했다는 말이기 때문이다. 드 브륀이 이야기했듯이 요한네스 사라케누스는 일뒤앵과는 멀리 떨어져 있는 완전한 하나의 세계였다.[14] 즉 그들 사이에

---

12 이 두 번역문은 ET, I, p. 359에 나란히 실려 있다.
13 PL, 199, col. 259.

는 단순한 교리상의 차이 이상의 것, 단순히 원본에 대한 이해를 높이는 것 이상의 어떤 것이 있었다는 말이다. 일뒤앵과 사라케누스 사이의 수세기 동안 많은 일이 있었던 것이다. 암흑시대의 종말, 카롤링거 왕조의 르네상스, 앨퀸과 라바누스 마우루스Rhabanus Maurus의 인문주의, 공포의 서기 1000년, 삶의 긍정적인 측면들에 대한 새로운 감각, 봉건 제도에서 길드 제도로의 이행, 초기 십자군 운동, 무역로의 개설, 산티아고 데 콤포스텔라Santiago de Compostella로 가는 거대한 순례 행렬이 있었던 로마네스크 시대, 고딕 문화의 개화 등등. 미적인 것에 대한 인간의 감수성은 물질적 외형에 대한 새로운 관심으로 풍요로워졌으며, 신학의 규범들 내에서 세계에 대한 새로운 시각을 펼치려는 시도가 있었다. 처음에는 반(半)의식적으로 시작된 것이긴 했지만, 어쨌든 이 세기들을 거치는 동안 미가 하나의 보편 개념으로서의 위치를 획득하기 시작하는 것을 알 수 있다. 예를 들어 11세기 초에 오틀로Otloh of St. Emmeran는 미의 근본적인 특징인 조화 *consonantia*를 모든 피조물의 속성으로 보았다.[15] 그리고 우주의 질서와 이 세계의 음악적인 구조에 대한 여러 가지 이론들이 점차로 등장했는데, 이런 이론들에 대해서는 앞으로 살펴보기로 하겠다. 마지막으로 13세기에는 대법관 필립이 했던 것과 같은 연구들로 무장한 용어상의 공격 수단들을 갖추고, 문제시되는 개념들과 그것들의 상호 관계에 대한 정밀

---

14 ET, loc. cit.

15 Otloh of St. Emmeran, *Dialogus de Tribus Quaestionibus*, chap. 43 (PL, 146, col. 120).

하고도 공들인 탐구가 시작되었다.

기욤 도베르뉴의 『선과 악 논고 Tractatus de Bono et de Malo』는 1228년에 나왔다.[16] 여기에서 그는 올바른 행위의 미에 관해 논했다. 그는 감각적 미가 그것을 보는 사람을 즐겁게 하는 것이라면(이 흥미 있는 공언에 대해서는 다시 이야기하겠다), 내면적 미는 그것을 파악하는 영혼에게 즐거움을 주고 〈영혼으로 하여금 그것을 사랑하도록 부추기는〉 것이라고 주장했다. 그래서 인간 영혼에서 발견되는 선은 〈외면적, 가시적 미와 구분하여 풀크리투도 pulchritudo, 혹은 데코르 decor라고 불린다.〉 도덕적 미와 선을 이렇게 등가로 본 것은 스토아학파, 키케로와 아우구스티누스로부터 물려받은 것이며 아리스토텔레스의 『수사학 Rhetorica』과도 매우 유사한 개념이다.[17] 그러나 기욤은 거기에서 만족하고 그 이론을 더 이상 전개하지 않았다.

미와 선의 관계는 디오니시우스의 저술들에 대한 주석에서 자주 논의되곤 했다. 예를 들면, 1242년으로 추정할 수 있는 토마스 갈루스 베르켈렌시스 Thomas Gallus Vercellensis의 주석이 있다. 로버트 그로스테스트 Robert Grosseteste의 주석도 비슷한 시기(1243년 이전)에 나왔다. 그로스테스트는 〈미〉라는 명칭을 신에게 돌리고 이렇게 썼다. 〈모든 만물이 선한 것과 아름다운 것을 함께 소망한다면 선한 것과 아름다운 것은 동일한 것이다.〉[18] 그러나 그는 신으로부터 신의

---

16 이 논문에서 인용한 구절들은 LB에 나온다.
17 〈아름다운 것은 그 자체로 바람직한 것이고 유쾌한 것이며, 선하기 때문에 즐거움을 줄 수 있는 것이다.〉 Aristoteles, *Rhetorica*, 1366a 33.

피조물에게로 창조 과정을 명시해 주는 미와 선이라는 두 가지 속성이 그런 속성들을 소유한 대상 및 신에게는 서로 결합되어 있지만, 논리적으로 혹은 개념적으로는 서로 다른 것 *diversa sunt ratione*이라고 덧붙였다.

신은 만물에게 존재를 부여하기 때문에 선하다고 일컬어진다. 존재는 선하므로 신은 그것을 증대시키고 완성하며 유지시키는 것이다. 한편 신은 모든 만물들을 그 자체 속에서나 다른 것과의 결합 속에서나 신과의 일치를 이루는 조화를 만들어 낸다는 점에서 아름답다고 칭하여진다.

신이 존재의 근원이며 존재하는 사물들을 유지하는 한, 선은 신의 속성으로 간주된다. 신이 창조의 〈구성 원인〉인 한, 미는 신의 속성으로 간주된다. 신에 대한 이런 식의 어법은 미학에서도 상당한 중요성을 가진다. 그리고 하나이자 참된 것에 대한 대법관 필립의 구별을 그로스테스트가 선과 미를 구별하기 위해 채택했다는 사실도 언급할 필요가 있다.

근본적으로 중요한 저술 하나가 1245년에 나왔다. 그로스테스트는 그 이전에 그것을 읽은 것 같긴 하다. 헤일스의 알렉산더 Alexander of Hales의 저술로 알려져 있는 이 『신학대전 Summa』은 사실 세 사람의 저자가 쓴 것이었다. 장 드 라 로셀 Jean de la Rochelle과 헤일스 자신, 그리고 임시로 〈콩시드랑 Considerans 형제〉라고 간주되는 이가 그들이다.[19]

---

18 이 인용문과 다음의 인용문은 LB에 나와 있다.

여기에는 미의 초월적 성격에 관한 문제와 다른 가치들과의 구별이 단호하게 해결되어 있다. 장은 이렇게 물었다. 지각자의 지향성 *intentio*이라는 점에서 볼 때 선한 것과 아름다운 것은 동일한 것인가? 이 질문은 매우 기발하다. 그는 단순히 선한 것과 아름다운 것이 대상 자체 속에서 일치한다는 것을 당연하게 여기고, 명예 혹은 고귀성 *honestum*이 예지미의 영역에 속한다고 하는 아우구스티누스의 견해에 동의했다. 그럼에도 불구하고 〈미는 오성을 즐겁게 하는 한에서 선의 한 성질인 반면, 선은 엄격하게 말해서 우리의 감정을 즐겁게 하는 성질과 관계가 있는 까닭에〉 선한 것과 아름다운 것은 다른 것이었다.[20] 그는 더 나아가 선은 목적인(目的因)과 관련이 있으며 미는 형상인(形相因)과 관련이 있다고 덧붙인다. 알렉산더의 『대전』에 나오는 〈형상 *forma*〉이란 단어는 아리스토텔레스적인 의미로 사용되었다. 그것은 삶의 본질적인 원리를 가리키는 것이다. 진(眞)과 미(美)는 모두 형상이라는 견지에서 규정되었다. 즉 진은 사물의 내면적 성격과 관계있는 형상의 성질이고, 미는 사물의 외면적 성격과 관계있는 형상의 성질이라는 것이다. 이런 식으로 진, 선, 미가 상호 전환 가능한 것으로 인식되면서 미에는 새로운 근거가 주어졌다. 이 셋은 오직 논리상에서만 *ratione* 다를 뿐이었다.

외견상으로는 유사한 것 같지만 여기에는 그로스테스트의

---

19 Alexander Hales, *Summa Theologica* (Firenze: 1924, 1928, 1930, 1948).

20 Alexander Hales, I, n. 103.

견해와 중요한 차이가 있다. 그로스테스트 역시 선한 것과 아름다운 것이 논리상에서만 다르다고 말했다. 그러나 그의 경우 그것은 창조주의 마음속에서의 차이, 창조 과정상의 차이였다. 알렉산더의 『신학 대전』에서 말하는 논리상의 차이는 지향성*intentione*에 있어서의 차이이다. 그러므로 미는 인식 주체와 연관지어 규정된다. 그로스테스트는 선과 미를 신을 칭하는 이름으로 간주했고, 신의 힘으로 두루 퍼져 있는 생명의 통일성 내에서 선과 미가 동일한 것으로 보았다. 반면 『대전』에서는 두 가치가 일차적으로 사물의 구체적 형상에 근거를 두고 있는 것으로 파악했다.

그럼에도 불구하고 미를 보편 개념들의 목록에 반드시 넣어야 한다고 보지는 않았다. 스콜라 철학자들이 철학적 개혁에 대해 확실하고 열린 태도로 환영하기를 꺼렸기 때문에 『신학 대전』의 저자들은 미를 보편 개념의 목록 속에 넣으려 하지 않았다. 그 후의 철학자들도 다소 신중하기는 마찬가지였다. 그런 면에서 성 보나벤투라는 별로 주목받지 못한 1250년의 소 책자에서 한층 더 과감한 생각을 개진했다.[21] 여기서 그는 〈존재의 네 가지 조건〉, 즉 일자, 진, 선, 미에 대해 명백하게 말하고 있다. 그는 이 네 가지 조건의 정체성과 차이점에 대해 다음과 같이 설명한다. 일자*unum*는 동력인(動力因)과, 진*verum*은 형상인과, 선*bonum*은 목적인과 관계가 있다. 그런데 미*pulchrum*는 〈모든 원인을 포괄하며 각 원인에 공

---

21 F. M. Henquinet, "Un Brouillon autographe de S. Bonaventure sur le commentaire des sentences", *Études Franciscains*, XLIV(1932), pp. 633~655와 XLV(1933), pp. 59~82 참조. 이 인용문은 LB에 나와 있다.

통된다······. 미는 모든 원인에 꼭 같이 관계한다.〉 간단히 말해서 보나벤투라는 미를 〈보편 개념들 전부의 광휘〉로 규정했는데 이는 마리탱Maritain의 표현이다(그러나 마리탱이 이 특정 구절을 알았던 것 같지는 않다).²²

그러나 알렉산더의 『신학 대전』에는 덜 분명하긴 해도 한층 더 급진적인 개혁의 씨앗이 담겨 있다. 우리가 이미 살펴본 두 가지 명제 — 미는 대상의 형상에 근거하고 있으며, 인식 주체와 연관지어 규정된다는 명제 — 는 그 뒤 먼저 대(大) 알베르투스Albertus Magnus에 의해서 전개된다. (오랫동안 〈미와 선〉이라는 제목으로 아퀴나스의 저술로 알려졌던) 『신명론』 4장에 대한 주석에서 대알베르투스는 〈현실적으로 존재하는 모든 사물은 아름다운 것과 선한 것에 관여한다〉고 썼다.²³ 이것은 미가 초월적이라는 말이다. 그러나 그는 거기서 더 나아가 미 개념에 아리스토텔레스적 근거를 부여했다. 〈아름다운 것과 선한 것은 실체적으로는 동일한 것이지만, 논리적으로는ratione 다르다······. 선은 의도에서intentione 미와 구별된다〉고 알렉산더의 『신학 대전』의 교리에 대해 다시 천명한 후, 그는 유명한 미의 정의를 내린다. 〈미의 본질은 일반적으로 알맞게 배열된 물질적 대상의 각 부분에서든, 인간에게서든, 행동에서든, 형식의 광휘 속에 존재한다.〉 여기서 미를 모든 만물의 속성으로 보는 것은 분명하다. 그러나 미는

22 J. Maritain, *Art and Scholasticism*, translated by J. F. Scanlan (London: 1930), p. 132, n. 63b.

23 이 인용문과 다음 인용문을 위해서는 Albertus Magnus, "De Pulchro et Bono", in St. Thomas Aquinas, *Opera Omnia*, edited by Robert Busa, 7 vols(Stuttgart: 1980), VII, pp. 43~47 참조.

한갓 서정적 흥분에 의해서가 아니라 형이상학에 의해 보증받는다. 미는 형식의 광휘로서 사물 속에 존재하는데, 그 형식은 비례의 규범에 따라 배열되어 빛을 발하면서 배열 행위를 드러내는 것이다. 그는 〈미는 물질적 부분들 속에 있는 게 아니라 형식의 광휘 속에 있다〉고 썼다. 그리고 결론은 이렇다.

> 물질적 미에는 구성 요소 및 빛나는 색채의 알맞은 비례가 필요한 것과 마찬가지로 모든 사물들과 구성 요소들, 원리들 간에는 상호 비례가 있어야 하며, 그것들이 형식의 명료함과 더불어 빛을 발해야 한다는 것이 보편적 미의 본질이다.

여기서 우리가 알 수 있는 것은 문화적 전통 속에 전해 내려온 미의 경험적 개념들이 미에 대한 정확하고도 엄밀한 철학적 규정 속에서 종합된다는 것이다. 이런 종류의 질료형상론hylomorphism 역시 「지혜서」에서 기원을 찾을 수 있는 다양한 삼화음의 개념들을 포괄한다. 차원과 종과 질서, 혹은 수와 무게와 척도 같은 용어들은 이제 형상을 서술할 수 있게 되었다. 완전성과 미와 선이 형상에 근거를 두고 있다면 이 속성들을 소유한 사물은 어떤 것이든 형상에 속하는 모든 성질을 가지고 있어야 마땅하기 때문이다. 형상은 사물의 차원이나 양modus, 더 나아가 비례와 척도에 의해 결정된다. 형상은 한 사물의 수, 즉 구체화되었을 때의 구성 요소들에 따라서 그 사물에 종(種)을 지정한다. 형상은 하나의 사물이 적절한 목적을 향해 가도록 하는데, 이때의 목적은 그 사물의 질서에 적합한 것이며 그 사물은 자신의 무게에 의해서 그 목적으로 향하게 되는 것이다.

그것은 세련되고도 명료한 이론이었다. 그러나 대알베르투스가 인정하지 않았던 것은 하나의 사물과 인식 주체의 관계가 그 사물의 미를 구성하는 한 요소가 될 수도 있다는 점이었다. 알렉산더의 『신학 대전』과는 달리 그의 미학은 엄밀하게 객관주의를 취하고 있었다. 그는 미에 대한 사람들의 개념에 따라 미가 규정되어야 한다는 키케로의 견해에 반박했다.[24] 그는, 덕이란 아무에게 알려지지 않고도 스스로를 아름답게 만드는 명료성 *claritas*을 소유하고 있다고 말했다. 형상은 명료성, 즉 그것에 대하여 어떻게 생각하는가에 의해서가 아니라 그 안에 내재한 광휘에 의해서 결정된다. 물론 미는 이 명료성, 혹은 광휘로 인해서 인식의 대상이 된다. 그러나 인식은 본질적인 구성 요소가 아니라 이차적인 가능성이다.

여기에 담긴 차이점은 결코 하찮은 게 아니다. 이런 유의 객관주의 뒤에는 또 다른 종류의 객관주의가 있다. 대알베르투스에게 미는 인간의 도움이나 은닉 없이도 사물 속에 객관적으로 나타나 있는 것이다. 또 다른 종류의 객관주의는 미 역시 초월적인 성질로 간주하는 것인데, 이때의 초월적인 성질은 인식 주체와의 관계에서 드러나는 성질이다. 이것이 토마스 아퀴나스식 객관주의다. 이는 인문주의의 방향에 대하여 실질적인 하나의 동향을 보여 준다.

아퀴나스는 특별히 비판적인 의식을 가지고 독창적인 미 이론을 전개하지는 않았다. 그러나 그가 전통적인 모든 이론

---

24 알베르투스는 아마도 여기서 키케로의 『의무론』, I, 27, §95를 가리키고 있는 것 같다.

들을 수집하고 흡수해서 자신의 체계에 받아들인 방법을 보면 분명히 독창적이다. 스콜라 철학의 체계와 — 아퀴나스의 체계는 의심의 여지 없이 가장 포괄적이고 성숙하다 — 컴퓨터를 비교해 보면 배울 점이 많다. 모든 데이터가 입력되면 질문하는 것마다 반드시 완전한 해답이 나오기 때문이다. 해답은 사물을 이해하는 특정 논리와 특정 방식의 한계 내에서만 완전하다 — 말하자면 『신학 대전』은 중세의 컴퓨터인 셈이다. 그러나 문제는 체계를 만든 이가 자신의 사상이 담고 있는 모든 함축적인 내용들을 다 모르는 경우에도 그 체계가 개념을 만들어 내고 질문에 답을 한다는 것이다.

중세의 미학적 전통은 수학적 미 개념, 빛의 미학적 형이상학, 통찰력의 심리학, 즐거움의 원인과 광휘로서 형상의 개념 등과 같은 수많은 이론을 낳았다. 이러한 이론들이 전개되고 논의되고 재평가되는 대로 따라가다 보면, 13세기에 이룩된 성숙의 정도를 좀 더 잘 이해할 수 있게 되며, 또한 다양한 모든 문제와 해결책들이 어떻게 일정한 유형의 체계적 통일성을 갖게 되는지도 알 수 있을 것이다.

3 비례의 미학

1.

〈신체의 미란 무엇인가? 각각의 부분들이 즐거움을 주는 일정한 색채와 함께 빚어내는 조화다.〉[1] 이것은 중세 시대에 가장 중요한 하나의 이론을 정립한 성 아우구스티누스의 말이다. 이 말은 〈신체에 있어서 일정한 균제를 갖춘 사지의 형태가 일정한 매력을 지닌 색과 결합된 것을 미라고 한다〉[2]고 한 키케로와 아주 다른 것도 아니다. 그런 식으로 그는 〈색과 균제 *Kroma kai symmetria*〉라는 구절 속에 구현된, 스토아 및 고전의 전통을 집약한 것이다.

이 미학에서 가장 오래되고 가장 잘 정립된 개념은 〈적합성 *congruentia*〉의 개념, 비례 혹은 수의 개념으로서 그 계보

---

[1] St. Augustinus, Letter 3(to Nebridius), *Letters*, vol. 1, translated by Sister Wilfred Parsons(Washington: 1951), pp. 6~11(p. 9).

[2] Cicero, *Tusculan Disputations*, translated by J. E. King(London and Cambridge: 1950), IV, 13.

는 소크라테스 이전 시대로 거슬러 올라간다.[3] 이 개념은 본질적으로 미에 대한 양적인 개념으로, 그리스 사상에서는 여러 번 — 피타고라스, 플라톤, 아리스토텔레스 등 — 되풀이되어 나타났던 것이며 폴리클레이토스Polycleitus의 표준율[4]과 폴리클레이토스의 이론을 갈레노스Galenos가 뒤이어 상설한 데서 고전적으로 공식화되었다.[5] 폴리클레이토스의 표준율 자체는 대부분 실천적이고 기술적인 문제들을 다룬 것이지만 피타고라스적 사색의 흐름 속으로 끌려 들어가 예술과 미에 대한 교리적인 철학이 되었다. 거기서 유일하게 남아 전하는 단편(斷片)이 〈아름다운 것은 많은 수들을 통해서 조금씩 나타난다〉[6]고 하는 명제이다. 갈레노스는 그의 표준율을 요약하면서 미를 다음과 같이 규정지었다. 〈폴리클레이토스의 『표준율』에 쓰여 있다시피, 미는 구성 요소들 속에 있는 것이 아니라 각 부분들의 조화로운 비례, 즉 한 손가락과 다른 손가락의 비례, 손가락과 손의 나머지 부분 간의 비례……한 부분과 다른 부분 간의 비례에 있는 것이다.〉[7] 이런 사고는 단순하고 보편적인 미학 이론, 즉 미에 대해 형식적이면서 거의 수학적인 개념을 형성해 내는 미학 이론을 낳았다.

---

3 〈질서와 비례는 아름답고 유용하다〉, H. Diels, *Die Fragmente der Vorsokratiker*, 6th ed.(Berlin : 1951~1952), I, 469.

4 폴리클레이토스는 기원전 5세기 후반 그리스의 조각가로, 최초로 미를 반성적으로 고찰한 예술가로 알려져 있다. 그는 저작 『표준율·Canon』에서 인체 각 부분의 비례를 논했다고 전해진다 — 옮긴이주.

5 폴리클레이토스와 갈레노스에 관한 논의를 위해서는 Erwin Panofsky, *Meaning in the Visual Arts*(Harmondsworth : 1970), pp. 90~100 참조.

6 Erwin Panofsky, 앞의 책, p. 96.

7 Erwin Panofsky, 앞의 책, p. 92.

여러 변종 이론들이 있었지만 그것들은 모두 다양 속의 통일을 이루는 한 가지 근본적인 원리로 환원될 수 있는 것이다.

비례에 대한 중세 이론의 또 다른 출처는 비트루비우스 Vitruvius였다. 9세기 이후로 비트루비우스는 철학적 책자와 기술적 책자에 언제나 같이 인용되어 왔다. 그는 〈비례〉와 〈균제〉 같은 용어들을 공급해 주었으며, 수많은 비례 미학의 공식들도 제공했다. 〈비례는 한 건축물의 각 부분들과 전체에 대하여 각각 하나의 고정된 마디를 취하는 데 있다〉고 말한 것이나, 비례를 〈작품 자체의 세세한 부분들에서 나오는 적절한 조화, 혹은 각각 분리된 부분들이 전체적인 구도의 형식과 이루는 대응 관계〉로 규정지은 것이 그 예다.[8] 13세기에 뱅상 드 보베Vincent de Beauvais는 『자연의 거울Speculum Naturale』에서 인간 형상의 비례에 대한 비트루비우스적인 이론을 전개했다.[9] 이 저술은 정신적으로 다소 그리스적인데, 그 이유는 아름다운 대상의 차원들이 추상적인 수적 통일성에 대한 관계보다는 그 자체 안에서의 관계에 의해 결정된다는 규칙들을 모아 놓았기 때문이다. 예를 들면, 얼굴은 몸 전체 길이의 10분의 1이 되어야 한다는 것 등이다. 여기서 비례는 추상적인 수에만 근거를 둔 것이 아니라 유기적이고 구체적인 조화로 여겨진다.

비례의 이론이 중세로 전해 내려온 것은 이런 출처에서부

---

8 Vitruvius, *On Architecture*, translated by Frank Granger(London: 1931~1934), III, 1, 1 and I, 2, 4.
9 Vincent de Beauvais, *Speculum Naturale*. 이 저술과 저자에 대해서는 H. O. Taylor, *The Medieval Mind*, 2 vols.(London: 1911), II, pp. 315~322에 간략하게 논의되었다.

터였다. 고전의 세계와 중세의 세계 사이에 있는 경계선상에서 우리는 성 아우구스티누스와 보이티우스를 만난다. 그들은 비례의 이론을 주로 음악 이론의 맥락에서 다루었기 때문에 좀 더 피타고라스적인 측면을 담은 비례 철학을 전해 주었다.[10] 보이티우스에게는 중세의 정신성이 지닌 매우 전형적인 특질들도 엿볼 수 있다. 그가 〈음악〉에 대해서 말할 때는 음악적 법칙들의 수학을 뜻하는 것이다. 그는 진정한 음악가는 이론가, 즉 음의 수학적 법칙들을 연구하는 학자라고 여겼다. 연주가는 자신도 모르는 사이에 하인이 된다. 작곡가는 이론만이 드러낼 수 있는 지고의 미에 대해 무지한 채 본능의 영역 속에 거한다. 〈그는 사색과 이성이 아니라 일종의 자연적 본능으로 노래하기 위해 태어났다.〉[11] 음악가라는 명칭은 일차적으로 음악을 이성의 견지에서 판단하는 사람에게 붙여졌다. 보이티우스는 피타고라스가 〈귀의 판단을 제쳐 두고〉 음악을 연구했다 하여 그를 거의 경하하다시피 한 것 같다.[12] 음악적 경험에 대한 그의 접근 방식 및 초기 중세 시대의 일반적 접근 방식은 과학자의 접근 방식 그대로였다.

그럼에도 불구하고 비례에 대한 이런 식의 추상적인 개념은 결과적으로 감각 경험의 실제적 구조에 대한 연구를 낳았고, 창조 행위와의 친근성은 보다 구체적인 비례 개념을 낳

---

10 중세 시대에 피타고라스는 음악사상 가장 탁월한 인물로 간주되었다.

11 Boetius, *De Institutione Musica*, edited by Godofredus Friedlein (Leipzig: 1867), I, 34.

12 *De Institutione Musica*, I, 33. 그러면서도 같은 저서에서 그는 특정 음악 이론들에 관해서 쓰면서 〈나는 이 모든 것들을 수학과 귀의 판단에 의해서 입증하였다〉고 했다.

았다. 비례 개념이 고전적 전통으로부터 보이티우스에게 전해졌던 탓에 그의 이론들은 그저 단순하게 고안된 추상적인 것이 아니었음도 기억해야 한다. 보이티우스의 사고방식은 심각한 위기의 시대, 즉 겉으로 보아 대신할 수 없는 가치들을 파괴하는 일에 전념하던 시대에 감수성 있는 지성이 지녔던 사고방식이었다. 마지막 인문주의자였던 그의 눈앞에서 고전 세계는 사라져 가고 있었다. 학문을 배양하는 태도가 사라지고 있는 야만적인 시대였다. 유럽의 와해는 가장 비극적인 순간에 도달해 있었다. 보이티우스는 파괴될 수 없는 가치들에 동의함으로써 피난처를 구했다. 말하자면 어떤 일이 벌어지더라도 예술과 자연을 지배할 수(數)의 법칙들이 그것이었다. 이 세계의 미에 대해 최고도로 낙관적인 순간에 조차 그의 사고방식은 수학적 실체의 미에 대한 찬양 뒤에 현상계에 대한 불신을 감추고 있는 현자(賢者)의 모습이었다. 그런 까닭으로 비례의 미학은 검증이 필요 없는 것처럼 보이는 하나의 도그마가 되어 중세 시대로 들어갔던 것이다. 그런가 하면 그것을 검증하려는 활발하고도 효과적인 시도가 수없이 일어나도록 자극을 주었다.

보이티우스의 음악 이론은 익숙한 것이다. 피타고라스는 대장장이의 망치가 모루를 내려칠 때 서로 다른 높낮이의 소리를 내는데, 이때의 높낮이는 망치의 무게에 반비례한다는 사실에 주목했다. 그러므로 음은 수에 좌우되는데, 이것은 음이 물리적 현상으로 받아들여지든, 혹은 예술적 현상으로 받아들여지든 관계없는 일이다. 보이티우스는 〈화음(혹은 조화)은 음악의 모든 조음(調音)을 조절하며 음 없이는 존재할 수 없다〉[13]고 했다. 그는 또 화음(조화)을 〈그 자체로는 비슷하지 않은 음들의 통일된 호응 관계〉라고 정의했다. 〈조화는 귀를 부드럽고 한결같게 때리는 고음과 저음의 혼합이므로〉[14] 듣는 이를 즐겁게 한다는 것이다.

음악의 미적 경험 역시 비례의 원리에 근거를 두고 있었다. 인간은 본성적으로 조화롭지 못한 음계에는 등을 돌리지만 같은 성질의 음계에는 굴복하기 때문이다. 음계에 따라 효과가 다르다고 주장한 교육 이론이 이런 견해를 한층 북돋워 주었다. 즉 거친 리듬이 있는가 하면 온화한 리듬이 있고, 어린이에게 적합한 리듬이 있는가 하면 부드럽고 유혹적인 리듬이 있는 것이다. 스파르타인들은 영혼이 음악의 영향을 받는다고 믿었다는 점을 보이티우스는 상기시켰다. 피타고라스는 술 취한 청년에게 장강격(長強格)의 히포프리기아 *Hypophrygia* 양식을 들려주어 차분하고 침착하게 만든 적이 있다. 그런데 만일 이때 프리기아 양식을 들려주었다면 그 청년을 더욱더 흥분시켰을 것이다. 피타고라스학파는 쉽게 잠들게 하는 자장가를 사용했고, 잠에서 깰 때에도 음악의 도움으로 잠을 떨쳐 버리곤 했다.

보이티우스는 이 모든 것을 비례의 이론으로 설명했다. 영혼과 육체는 음악을 지배하는 동일한 법칙들에 종속되어 있으며 이 동일한 비례는 우주에서 발견되는 것과 같은 것이라고 했다. 소우주와 대우주는 수학적이면서 동시에 미학적인,

---

13 이 인용문과 다음의 인용문은 *De Institutione Musica*, I, 3에서 따온 것이다.
14 *De Inst. Mus.*, I, 8.

같은 매듭으로 묶여 있다는 것이다. 인간은 이 세계의 척도에 순응하며, 그러한 순응성이 나타나는 것은 무엇이든 즐겁게 느낀다고 했다. 〈우리는 유사성은 사랑하지만 차이는 싫어하고 원망한다.〉[15]

인간 심리 속에서의 비례 이론은 중세 미학에서 사뭇 흥미로운 발전 단계를 거쳤지만 상상력을 가장 사로잡았던 것은 보이티우스의 우주 비례론 개념이었다. 그 주된 요소들 중 하나는 우주 음악 *musica mundana* ─ 우주의 음악에 대한 피타고라스의 이론으로, 움직이지 않는 지구 주위를 일곱 개의 행성이 궤도를 그리며 만들어 내는 조화를 말한다 ─ 이 있다는 믿음이었다. 피타고라스에 의하면 각 행성은 지구와의 거리에 따라, 즉 행성의 속력에 따라 높아지는 음의 높낮이, 음정을 만들어 낸다. 이 행성들은 함께 아주 정교한 음악을 만드는데, 인간은 감각의 한계 때문에 이 음악을 들을 수 없다고 한다(모라비아의 제롬은 다소 불쾌하게도 인간이 개와 같은 후각 범위를 갖지 못한 것에다 이것을 비유했다).[16] 우리는 여기서 순수 이론에 대한 중세의 취약점을 다소나마 엿볼 수 있다. 각 행성마다 제각기 음정을 만들어 낸다면 그것들 모두는 매우 조화롭지 못한 소리를 낼 것이 틀림없기 때문이다. 이 중세의 이론가는 스스로 수적 대응 관계에 대한 확신을 갖고 있었으므로 그러한 난점

---

15 *De Inst.*, I, 1.
16 Jerome of Moravia, "Tractatus de Musica", chap. 7, in *Scriptorum de Musica Medii Aevi*, edited by E. de Coussemaker, 3 vols.(Hildesheim: 1963: 1st pub. Paris: 1864~1867), I, pp. 1~94(p. 13).

에 대해 염려하지 않았던 것이다. 그는 중세 전체를 통해 플라톤적인 유형의 확신을 가지고 자신의 경험을 해석했다. 르네상스의 천체학자들이 지구가 여덟 번째 음을 만들어 음계를 완성하려면 움직여야 한다는 전제로부터 지구가 움직인다는 것을 추론한 것을 상기하면 과학의 방법은 끝이 없다는 데 동의하게 된다.

한편 우주 음악론은 한층 더 구체적인 미 개념을 이끌어 내기도 했다. 즉 우주의 순환에서의 미, 시간과 계절의 규칙적인 운동에서의 미, 여러 요소들의 구성에서의 미, 자연의 리듬, 생명체의 움직임과 기질에서의 미 등으로, 간단히 말하면 소우주와 대우주의 전체적인 조화를 가리킨다.

중세인들은 세계의 음악적 조화라는 주제를 가지고 무수한 변종 이론들을 전개했다. 호노리우스는 『열두 가지 문제에 관하여 Liber Duodecim Quaestionum』에서 한 장(章)을 완전히 할애하여 〈우주는 여러 현들이 그렇듯이 서로 다른 종류의 사물들의 조화가 있는 키타라 cithara[17]처럼 배열되어 있다〉[18]고 설명했다. 또 에리우게나는 창조의 미가 유사한 것과 유사하지 않은 것들 간의 조화에 기인하며, 떨어져 있는 각각의 부분들은 의미가 없지만 그것들이 이루어 내는 조화는 만물의 미를 낳는다는 점에 주목했다.[19]

---

17 하프와 비슷한 옛 그리스의 현악기 — 옮긴이주.

18 Honorius, *Liber Duodecim Quaestionum*, chap. 2(PL, 172, col. 1179).

19 Johannes Scotus Eriugena, *On the Division of Nature*, Book III.

2.

12세기의 이런 사색들 모두가 음악 이론에서 나온 것은 아니었다. 샤르트르 학파는 『티마이오스』의 플라톤적 유산에 신념을 지키면서 〈티마이오스적〉 우주론을 전개했다. 그러나 그 또한 부분적으로는 미학적이면서 부분적으로는 수학적인 세계관*Weltanshauung*에 뿌리를 내리고 있었다. 툴리오 그레고리는 다음과 같이 쓰고 있다.

> 산술에 관한 보이티우스의 저술들을 보면 우주에 대한 그의 그림은 신이 질서와 척도*ordo et mesura*에 따라 세계를 배열한다는 아우구스티누스의 원리를 전개한 것이다. 그것은 만장일치에 의한 합의*consentiens continuata cognatio*로서의 고전적 우주 개념과 생명이자 섭리이자 운명인 신의 원리를 결합한 원리다.[20]

사물을 보는 이러한 시각은 『티마이오스』에서 처음 등장했다.

> 그것(우주)을 모든 면에서 가장 완전하고 가장 아름답게 짓고자 했던 신은, 우주 내에 본질적으로 우주와 같은 종류인 (즉 가시적인) 모든 생물체를 포함하고 있는 하나의 가시적인 생명체를 만들었습니다……. 모든 결합 가운데 가장 아름다운 것은 스스로와 함께 결속된 그 관계를 가장 완전하게 만드는

---

20 Tullio Gregory, *Anima Mundi*(Firenze: 1955), p. 214.

3___비례의 미학

결합이며 이것은 등비 비례*analogia*가 그 성질상 가장 훌륭하게 수행하는 것입니다.[21]

샤르트르 학파에게 신의 작품은 코스모스 — 태초의 혼돈과는 반대되는 것으로서 모든 것을 포괄하는 질서 — 였다. 대자연은 신의 작업의 중개자였다. 기욤 드 콩슈Guillaume de Conches가 그랬듯이, 〈유사한 사물로부터 유사한 것을 만들어 내는 사물에 내재한 어떤 힘〉[22]이 있었던 것이다. 샤르트르 학파의 형이상학에서 대자연은 단순히 비유적으로 의인화된 것이 아니라, 사물의 탄생과 생성 과정을 관장하는 능동적인 힘 자체였다. 그리고 다음에는 세계를 장식하는 과정*exornatio mundi* — 창조 후에 대자연이 유기적인 복합성으로 세계 내에서 작용하는 완성의 과정 — 이 있었다. 기욤 드 콩슈는 〈세계의 미는 하늘의 별들, 공중의 새들, 물속의 물고기들, 지상의 인간들과 같이 고유한 성분으로 이루어진 사물들 속에 있다〉[23]고 썼다. 즉 세계를 충분히 갖추어지도록 꾸미는 것*ornatus mundi*은 창조의 과정에 포함되며, 창조가 무게와 수에 따라 구별되고 우주 내의 적합한 환경 속에서 형체와 색채를 갖추게 되면서 활발해진다. 그러므로 이와 같은 우주론적인 이론에서조차 〈오르나투스*ornatus*〉라는 용어는 사물에 있어서 개체화하는 구조를 내포하는 것 같다. 13세

21 Platon, *Timaeus*, 30d and 31c.

22 Guillaume de Conches, *Dragmaticon*, Quoted in Tullio Gregory, p. 178.

23 Guillaume de Conches, *In Timaeum*, Quoted in Tullio Gregory, p. 213.

기에는 이 개념이 형식의 개념에 초점을 맞춘 미 이론의 토대가 된다. 사실 코스모스의 조화는 자연적인 형식이든 인위적인 형식이든 개별적인 형식들의 유기적 완성에 대한 확장된 은유처럼 보인다.

이 이론에서 수학의 엄격한 논리는 자연의 유기적 특질에 대한 감수성으로 인해 완화된다. 기욤 드 콩슈, 티에리 드 샤르트르Thierry de Chartres, 베르나르 드 투르Bernard de Tours, 알랑 드 릴Alan de Lille은 불변하는 수학적 질서가 아니라, 자연이 그 지은이와의 관계에서 가장 잘 설명되는 유기적 과정에 대해 말하기를 좋아했다. 성삼위의 제2위인 성자(聖子)는 이러한 미학적 조화의 형상인이거나 구성 원리이고, 성부(聖父)는 동력인이며, 성령(聖靈)은 목적인이면서 사랑과 결속amor et connexio이고, 세계의 영혼anima mundi이었다. 지상을 지배하는 것은 수가 아니라 대자연이었던 것이다. 대자연에 대해서 알랑 드 릴은 이렇게 썼다.

오, 신의 자녀, 창조의 어머니, 우주의 결속력과 그 안정된 고리, 저 지상의 빛나는 보석, 인간들의 거울, 세계를 위한 빛의 담지자. 평화, 사랑, 덕, 인도, 능력, 질서, 법, 목적, 길, 지도자, 기원, 생명, 빛, 광휘, 미, 형상, 세계의 규칙.[24]

세계의 부정적인 측면과 연관된 많은 문제들이 우주의 조화에 대한 이와 유사한 시각들에서 해답을 찾았다. 심지어

---

24 Alan de Lille, *The Plaint of Nature*, translated by James J. Sheridan (Toronto: 1980), p. 128.

추한 것조차도 사물의 조화 속에서 비례와 대조를 통해 제자리를 찾았다. 미가 대조에서 나왔다는 것은 모든 스콜라 철학자들의 공통된 견해였다. 괴물들조차도 창조의 음악에 참여함으로써 일정한 정당성과 지위를 획득하게 되었다. 선이 악으로부터 나오고 악과의 대조로 더욱 빛난다는 이유로 악도 선하고 아름다운 것으로 인정되었다.

3.

12세기는 피타고라스의 우주론에서 나온 사상들을 전개하고 체계화한 시기였다. 그리고 그렇게 함으로써 호모 콰드라투스 *homo quadratus*(문자적으로 〈사각형의 인간〉)라는 또 다른 이론이 제기됐다. 이 이론은 근원상으로는 칼키디우스, 특히나 마크로비우스 Macrobius와 연결되어 있는데, 마크로비우스는 〈세계는 크게 나타난 인간이고 인간은 작게 나타난 세계이다〉[25]라고 쓴 바 있다. 여기서 알레고리에 대한 중세의 애호가 수학적 원형들의 면에서 표현된 소우주와 대우주 간의 관계에 의해 더욱 증대된다. 호모 콰드라투스 이론에 따르면, 수는 우주의 원리인데 수에는 수적인 동시에 미학적인 대응 관계에 기초한 상징적 의미가 있다. 이 이론이 처음에 염두에 두었던 것은 음악이었다. 카르투지오 수도회의 한 수도사는 여덟 개의 음이 있는데, 그중 넷은 고대인들이 발견했고 나머지 넷은 자신의 당대에 와서 추가로 발견되었다고 말했다.

25 Macrobius, *Commentary on 'The Dream of Scipio'*, translated by W. H. Stahl(New York: 1952), II, 12.

왜냐하면 그들(고대인)은 다음과 같은 식으로 논쟁했기 때문이다. 예술도 자연에서처럼 그렇게 되어야 한다. 그런데 자연은 사분법으로 나누어진다……. 지상에는 네 지역, 네 가지 성분, 네 가지 기본 특질, 네 가지 바람이 있고, 신체에는 네 가지 조건이 있으며, 영혼에는 네 가지 덕이 있다.[26]

사실 4라는 숫자에 어떤 근본 의미가 있다는 것이 일반적인 믿음이었다. 동서남북의 사방위, 사방풍, 달의 네 위상, 사계절, 〈아담Adam〉이란 이름의 철자 넷 등. 또 4는 플라톤의 4면체의 구성 수인데 이는 불에 해당하는 것이었다. 비트루비우스는 4가 인간의 숫자라고 가르쳤는데 그 이유는 인간이 양팔을 벌린 상태의 너비가 인간의 키와 같아서 정사각형의 가로와 세로를 이룬다는 것 때문이었다. 4는 도덕적인 완성의 수였다. 그래서 도덕적 완성을 위한 노력을 경험한 인간들은 〈사각형*tetragonal*〉이라 불렸다. 그러나 호모 콰드라투스는 오각형이기도 했는데 그 이유는 5가 신비한 미학적 완성을 상징하는 비밀스러운 의미를 가진 또 하나의 수였기 때문이었다. 5는 순환수였다. 사물에는 다섯 가지의 본질이 있고 다섯 기본 영역이 있으며, 생물체에는 다섯 종(조류, 어류, 식물, 동물, 인간)이 있다. 5는 신성의 수여서 성서 전체를 통해 산발적으로 나온다(모세 5경, 다섯 가지 고통). 5라는 숫자는 인간에게서도 발견된다. 인간의 사지를 직선으로 결합하면 5각형을 이루기 때문이다(빌라르 드 온쿠르Villard

---

26 *Tractatus de Musica Plana*, chap. 2, in E. de Cousssemaker, II, pp. 434~483(p. 435).

de Honnecourt에게서 찾아볼 수 있는 이미지이며 훨씬 더 알려진 레오나르도 다빈치의 드로잉에서도 발견된다). 성 힐데가르트St. Hildegard의 신비주의는 비례의 상징주의와 5의 신비로운 마력에 근거하고 있었다. 자연의 〈교향악적〉 구성에 대해 이야기하고, 절대적인 것에 대한 경험이 음악의 양식 속에서 펼쳐지는 방법을 말한 것도 그녀였다. 성 빅토르의 위그는 육체는 불완전하고 불안정한 짝수에 기초를 두고 있고, 영혼은 안정되고 완벽한 홀수에 기초하고 있기 때문에 육체와 영혼이 신성한 미의 완성을 반영한다고 말했다. 그는 또 정신적인 삶이 10이라는 수의 완성에 기초하고 있는 수적 변증법에 토대를 두고 있다고 덧붙였다.[27]

이러한 〈수의 미학〉은 때로는 오해를 받기도 하는 어떤 것과의 관계로 인해 더 명료해질 수 있다. 도덕적 청렴을 가리킬 때 〈사각형tetragonal〉이란 표현을 사용한 것은 청렴 혹은 정직honestas의 조화가 비유적으로 수적 조화로 해석되었고, 좀 더 정밀하게는 행동과 그 목적 간의 비례로 해석되었다는 것을 상기시켜 준다. 그래서 중세인들은 아름다운 것을 유용한 것, 혹은 도덕적인 것으로 돌려 버렸다는 비난을 받아 왔다. 그러나 소우주와 대우주 간의 이런 비교에서 떠오르는 윤리적 완성의 개념은 사실상 미학적인 성격을 띠고 있다. 중세인들은 미학적인 것을 윤리적인 것으로 돌려 버린 것이 아니라, 오히려 도덕적 가치들에 미학적 토대를 부여한 것이다. 수나 질서, 혹은 비례는 윤리적, 미학적인 만큼이나

---

27 ET, II, pp. 343 이하.

존재론적이기 때문에 이것조차도 어느 정도 오도된 것이긴 하지만 말이다. 어떤 것에 대해서 적극적인 역할을 할 때보다는 관조적으로 조망할 때 미학적 특질들이 지배하게 된다. 여러 가치들을 밀접하게 통합하기 때문에 관조는 언제나 〈혼합〉되거나 〈순수하지 않기〉는 하지만 말이다. 관점이란 중요한 것이다. 여기서 뱅상 드 보베의 말을 들어 보자.

> 진실로 이 세상에서 가장 하찮은 아름다움이라 할지라도 얼마나 위대한가? 그리고 우주 전체를 통해 어울리게 지정되어 있는 사물의 양식, 수, 질서뿐만 아니라 감퇴와 연속을 통해서 끊임없이 풀려나가며 생명의 죽음으로 기록을 남기는 순환하는 시대들까지 심사숙고하는 이성의 눈에는 얼마나 즐거움을 주는가? 육신으로 더럽혀진 정신으로 신실하게 고백하거니와, 이 세계의 창조자이자 지배자의 피조물이 보여주는 크기, 아름다움, 영속성을 지배자의 피조물이 보여주는 크기, 아름다움, 영속성을 보면 바로 충만된 마음으로 그 분을 향해 가서 보다 큰 존경심으로 경배를 드리게 된다.[28]

뱅상 드 보베는 우리를 13세기로 데려간다. 이 시기에 이르러 우주론적 미학은 이미 형식의 미학이란 면에서 좀 더 구체적인 것이 되었다. 비례의 개념은 그 영역이 확장되었으며, 스콜라 철학자들, 그중에서도 보나벤투라는 그들의 체계적인 원리로 인해 수적 균제, 혹은 평형 *aequalitas*의 원리,

---

28 Quoted in H. O. Taylor, *The Medieval Mind*, II, pp. 347~348.

혹은 더 단순하게 말하면 다양성의 통일이라는 아우구스티누스의 공식으로 되돌아갈 수밖에 없었다.

4.

비례의 미학은 고대 말기와 중세 초기의 음악 이론들과 함께 시작되어, 전개되는 과정에서 점차 복잡한 형태를 띠어 갔다. 또 일상적인 예술 작업에 점점 가까이 다가갔다. 음악 이론에서 비례의 개념은 기술적인 배음(倍音)에서부터 시작되었다. 9세기에 이미 대위법에 대한 최초의 철학적 논의가 나온다.[29] 그러나 음악사가들은 여기서 채택된 것이 일반적인 비례 개념이 아니라 어떤 특정한 비례라는 것을 알아채기 시작했다. 850년경 할렐루야의 후렴에 기초를 둔 환희의 찬송가들에 장식음 *trope*이 부가되기 시작했는데, 각 음절들은 멜로디의 새로운 악구와 대응되도록 만들어져 있었다. 그렇게 되자 사람들은 비례라는 관점에서 음악을 생각할 수밖에 없게 되었다. 10세기에는 페이지에 수직적으로 위치시켜 음표의 높낮이를 가리키는 디아스테마 *diastema*가 고안되었다. 11세기에는 더 이상 제창이 아닌 이성부 *diaphony*에서 각 성부가 각각 악보를 따라가는 것을 알 수 있다. 이성부에서 상성부 선율 *descant*이 나오게 되었고, 이것이 다시 다성 음악사에서 12세기의 위대한 고안물로 남게 되었다. 페로탱 Pérotin의 오르가눔에서는 고딕 성당의 솟아오른 뾰족탑을 따라 하나의 기조 선율에 바탕을 둔 복잡한 움직임을 두었는

---

29 작자 미상의 *Tractatus de Musica*, in E. de Coussemaker, II, pp. 251~281 참조.

지도 모르겠다. 그런 식으로 이 중세의 음악가는 보이티우스의 플라톤적 추상들 옆에서 고대의 개념들에 실로 구체적인 의미를 부여했던 것이다. 〈서로 다른 음들 간의 적절한 통일 *diversarum vocum apta coadunatio*〉[30]인 화성이 생생한 체험 속에서 실현된 하나의 기술적 미적 가치가 되었던 것이다. 〈누구든 콘둑투스*conductus*[31]를 작곡하고 싶은 사람은 먼저 가능한 가장 아름다운 주 선율*canto*을 발견해야 한다. 그런 다음에 상성부 선율을 구성하는 데 그것을 사용해야 한다.〉[32] 형이상학적 원리가 예술적 원리가 된 것이다. 미의 형이상학과 예술 이론은 결코 겹치지 않는다는 견해는 잘못된 것이다.

문학에도 비례의 개념을 포함한 법칙들이 많았다. 빈소프의 제프리Geoffrey of Vinsauf는 『새로운 시*Poetria Nova*』에서 문학적 장식은 데코룸*decorum*에 의해 지배당한다고 말했다. 데코룸은 수적인 개념이라기보다는 음성학적, 심리학적 요구들에 근거한 질적인 개념이었다. 그래서 황금을 노랗다*fulvum*로, 우유를 빛난다*nitidum*로, 장미를 붉다*praerubicunda*로, 꿀을 달콤하다*dulcifluum*로 묘사하는 것

---

30 Hucbald de Saint-Amand, "Musica Enchiriadis", chap. 9, in *Scriptores Ecclesiastici de Musica Sacra Potissimum*, edited by Martin Gerbert, 3 vols.(Hildesheim, 1963; 1st pub. St. Blasien, 1784), I, pp. 152~212(p. 159).

31 2부, 3부로 된 중세의 작곡법으로 양식상 다성 음악이 아닌 단성 음악으로 되어 있는 모테트*Motet* 성가와는 구별된다 ― 옮긴이주.

32 Franco of Cologne, *Ars Cantus Mensurabilis*, chap. 11, in E. de Coussemaker, I, pp. 117~136(p. 132).

은 장식적이거나 어울리는 것이었다.[33] 간단히 말해서 양식이 소재에 적합해야 하는 것이다. 데코롬의 개념은 기술적인 직유의 이론들을 생겨나게 했다. 그리고 자연의 질서와 여덟 종류의 인위적 질서에 관해서 쓸 때에도 따라야 하는 규칙들이 있었다. 그것은 수많은 작가들이 설명했던 하나의 시론이었다. 에드몽 파랄Edmond Faral이 논평한 것을 보자. 〈예를 들면 그들은 두폭화diptych와 세폭화triptych의 균제로 어떤 효과를 낼 수 있는지 잘 알고 있었다. 그들은 서술의 과정을 일시적으로 중지시키는 법과 동시에 펼쳐진 수많은 주제들을 서로 연관짓는 법을 잘 알고 있었다.〉[34] 중세의 기사 이야기들 중 많은 수가 이런 규칙들을 지켰다. 미적 원리가 처음에는 시론의 방법론이었다가 나중에는 실제의 테크닉이 된 것이다. 그런가 하면 반대의 과정도 일어났다. 즉 이론이 경험에 점점 더 가까이 다가가고 있었던 것이다. 중세 시대의 공통된 문학적 원리 중 하나는 간결함의 원리였다. 한 예를 들면 앨퀸이 『수사학De Rhetorica』[35]에서 추천하고 있는 것으로 지나친 것을 삭제하는 것을 들 수 있다. 오늘날의 우리는 상상 문학의 구성과 연관지어 〈적절한〉 어떤 것에 대해 이야기할지도 모른다. 중세인들은 〈비례〉 대신에 이야기했으며,

---

33 Geoffrey of Vinsauf, *The New Poetics*, translated by Jane Baltzell Kopp, in *Three Medieval Rhetorical Arts*, edited by James J. Murphy (Berkeley, Los Angeles, London: 1971), 특히 p. 61 참조.

34 Edmond Faral, *Les Arts poétiques du XIIe dt du XIIIe siècle* (Paris: 1924), p. 60.

35 Alcuin, *Dialogus de Rhetorica et Virtutibus* (PL, 101, cols. 919~950).

그렇게 하여 많은 의미로 가득 찬 단어를 사용함으로써 우리를 혼란스럽게 한다.

조형 예술 및 구상 예술로 넘어가면 주로 비트루비우스의 영향으로 균제의 개념이 매우 일반적이었다는 것을 또다시 발견하게 된다. 뱅상 드 보베는 비트루비우스의 선례를 좇아서 건축은 질서, 배열, 율동적 운동*eurhythmy*, 균제, 미로 이루어진다고 쓴 바 있다.[36] 비례의 원칙이 건축의 실제에 채택되는 일종의 전령적 상징주의*heraldic symbolism*를 위한 토대가 된 것이다. 이것은 비밀스러운 작업, 일종의 비례의 신비주의였다. 그것은 피타고라스학파와 함께 시작된 것이다. 그러한 비밀스러운 분위기가 스콜라 학파에 의해 벗겨지긴 했지만, 일종의 문장(紋章)으로 장인들의 세계에서 살아남아 작업의 중요성을 더하는 데 사용되면서 그 제의적 분위기와 비밀들은 보존되어 왔다. 이것이 고딕 예술에서 오각형의 모티프들이 자주 등장하는 것, 특히 성당에 장미 장식들이 빈번하게 나타나는 것에 대한 가장 그럴 법한 설명이 될 것이다. 꽃잎이 다섯인 장미는 『장미 이야기*Roman de la Rose*』에서부터 장미 전쟁에 이르기까지, 중세 시대에 그것이 지녔던 다른 많은 상징적 의미들과 함께 다섯이라는 이미지를 가지고 있었던 것이다. 다섯이 나타나 있는 것 모두를 비밀스러운 종교의 표시로 보는 것은 잘못이겠지만 거기에 어떤 미학적 원리, 혹은 이상의 증거가 담겨 있었던 것은 확실하다. 프리메이슨의 길드들이 그것을 자신들의 제의의 토대로 삼

---

[36] Vincent de Beauvais, *Speculum Doctrinale*, XI, 12, 14.

았던 것은 수공예와 미적인 것 사이의 연관성을 인식하고 있었음을 다시금 보여 주는 듯하다.

장인들이 자신들의 〈서명〉으로 사용했던 기하학적 표식에서도 유사한 것을 발견하게 된다. 신성 로마 제국의 숙련된 조합원들, 석수공들, 목수들의 비밀 모임이었던 바우휘테 *Bauhütte*에 관한 연구들을 보면 그들의 시그나 라피다리아 *signa lapidaria* — 초석과 같이 작품의 중요한 부분에 써넣었던 개인 서명 — 가 맞쇠 혹은 〈격자꼴〉을 토대로 한 기하학적 표식이었음을 알게 된다. 그 밑에 깔려 있었던 신념은 균제의 중심을 잡는 일이 방향과 진리와 빛의 위치를 정하는 일을 뜻한다는 것이었다. 미적 관습과 신학적 교의가 나란히 나아간 셈이다. 비례의 미학은 중세가 보유했던 특별한 미학이었다.

균제의 원리와 기준은 아주 초보적인 형태에서조차 중세적 영혼의 본능 그 자체에 뿌리를 두고 있었다. 그것은 중세의 도상학에도 영향을 미쳤다. 이 도상학은 성서와 기도서, 그리고 소위 설교 예화 *exempla praedicandi*[37]에서 유래되었다. 그러나 균제의 필요조건들은 가장 깊숙이 뿌리박힌 믿음과 신성불가침의 내용들까지 위반하면서 전통을 변화시켰다. 그래서 수아송 Soisson에 있는 한 그림에서는 세 번째 인물이 구성의 균형을 깨뜨린다는 이유로 동방 박사 한 사람이 빠져 있는 것을 볼 수 있다. 그와 비슷하게 파르마 성당에서

---

37 요점을 예시하거나 사람들을 납득하기 위해 설교에서 사용되는 이야기들. 중세 시대에는 이런 이야기들이 〈예화집 *Libri Exemplarum*〉이라 알려진 선집 형태로 많이 회자되었다.

는 성 마르탱St. Martin이 자신의 외투를 한 명이 아닌 두 명의 거지와 나누어 걸치고 있는 모습이 보인다. 카탈로니아에 있는 산 쿠가트 델 바예스San Cugat del Vallé에는 한 명이 아닌 두 명의 선한 목자가 나온다. 이와 유사하게 형식을 고려하면 머리가 둘 달린 독수리와 꼬리가 둘인 인어도 설명할 수 있다.[38] 간단히 말해서 균제의 요구가 상징의 레퍼토리를 결정짓는 데 도움을 주었던 것이다.

중세 미술이 지켰던 다소 비슷한 또 다른 법칙이 〈격자 frame〉의 법칙이었다. 예를 들면, 인물들이 문짝이나 팀파눔 tympanum의 채광창 혹은 대접 받침 전체의 모양에 꼭 맞아야 한다는 것이었다. 때로 인물들은 자신들의 정해진 범위에서 우미(優美)를 더하기도 했다. 그래서 생드니 수도원 정면에 열두 달을 나타내는 원형의 돋을새김에서 곡식을 수확하고 있는 농부들의 모습은 원형의 구성 때문에 무용을 하는 것처럼 보인다. 아니면 그들이 베네치아에 있는 성 마가의 복도에 있는 조각들처럼 표현성을 더해 주고 있는지도 모르겠다. 또는 담이 없는 성 바울 성당에 있는 큰 촛대에 새겨진 원기 왕성하고 뒤틀린 인물들에서처럼 결과가 낭만적이고 그로테스크하게 된 건지도 모르겠다. 사실상 구성의 예술적 실제와 습관과 상호 작용하는 난해한 원인과 결과, 이론적 가르침의 세계가 있었다. 양식화되고 의전적이건, 혹은 환각적이고 왜곡되었건 간에 중세 미술의 많은 특징들이 어떻게

---

38 Louis Réau, "L'Influence de la forme sur l'iconographie de l'art médiévale", in *Formes de l'art, formes de l'esprit*, by various authors (Paris: 1951) 참조.

표현이 아닌 형식의 요구에서 탄생되었는지를 살펴보는 것은 흥미롭다. 그리고 이것은 전혀 우연이 아니다. 사실 그것이 예술가들의 의도와 관심사의 전면에 있었던 것도 당연하다. 왜냐하면 중세의 예술론들은 감정과 표현의 이론이 아니라 변함없이 형식적 구성의 이론이었기 때문이다.

조형 예술을 다루고 있는 모든 중세의 문헌들[39]에는 조형 예술을 음악과 같은 수학적 수준으로 끌어올리려는 야심이 들어 있다. 그런 문헌들 속에서 수학적 개념들은 취미와 선호도를 숨기는 경향 때문에 우주론 및 철학과 결합되어 있기는 하지만, 우주론 및 철학의 기반과는 유리된 채 실제의 표준율과 구성의 규칙으로 번역되어 있다. 이 점을 잘 예시해 주는 것이 빌라르 드 온쿠르의 『선집 *Album*』 혹은 『초상화집 *Livre de portraiture*』[40]이다. 이 작품에서는 인물들이 모두 기하학적으로 배열되어 있다. 그 목적은 인물들을 추상적이고 양식화된 기법으로 나타내려는 것이 아니라 어떻게 인물에게 생명감과 운동감을 부여하는지를 보여 주기 위한 것이다. 인물들은 개념상으로는 고딕적이지만, 비례 규칙들의 복귀를 보여 주는 동시에 비트루비우스 인체론을 반향하고 있다. 그리고 마지막 분석에서 빌라르가 인물을 기하학적으로 도해한 것은 — 다시 말하면 생생하고 사실적인 드로잉을

---

[39] 두드러지는 예를 둘 들자면 『아토스 산의 화가 편람 *Painter's Manual of Mount Athos*』과 켄니노 켄니니의 『예술에 관한 책 *Il Libro dell'Arte*』이다. 이 둘에 관해서는 Erwin Panofsky(1970), pp. 102 이하에서 간단히 논하고 있다.

[40] *Album de Villard de Honnecourt*, edited and annotated by J. B. A. Lassus and Alfred Darcel(Paris: 1968).

위한 지침이자 규범의 구실을 하도록 의도된 것이다 — 미의 이론을 반영하는 것으로 간주될 수 있다. 이것은 형식의 광휘를 드러내고 또 그것에 의해 산출되는 비례 속에 미가 존재한다는 이론이다. 이때 형식은 퀴디타스 *quidditas*, 즉 사물의 본질을 의미한다.

중세인들이 미의 형이상학을 충분히 전개하자 비례는 자연스레 미의 한 측면으로, 미의 초월적인 본질에 참여하는 것으로 간주되었다. 비례는 존재와 마찬가지로 단순하게 정의 내릴 수 없고 다양하고 복합적인 수준에서 현실화될 수 있을 것이다. 존재에 무수한 방식이 있는 것처럼 사물을 비례에 따라 만드는 방법도 무수히 많았다. 사실 중세 문화는 이미 비례에 대한 경험적인 지식을 쌓아 두고 있었지만, 비례에 대한 이런 관념은 이론적 차원에서 비례 개념을 해방시킨 주목할 만한 일이었다. 예를 들어 음악에서는 어떤 음계에서 몇몇 음들을 반음 올리거나 내리기만 해도 또 하나의 다른 음계가 생길 수 있었다. 리디아 선법을 그저 뒤집기만 하면 도리아 선법이 되는 식이었던 것이다. 음악의 음정도 마찬가지였다. 이미 9세기에 위크발드 드 생타망 Hucbald de Saint-Amand은 5도가 불완전한 협화음이라는 것을 알았다. 그런데 12세기에도 지침서들은 여전히 5도를 완벽한 협화음으로 언급하고 있었다. 13세기에는 3도도 공인된 협화음의 반열에 합류하게 되었다. 그러므로 중세인들은 경험의 맥락에서, 자신들이 즐길 수 있고 또 적절하다고 생각한 새로운 유형의 대응 관계를 점진적으로 받아들임으로써 비례를 이해했다는 것을 알 수 있다.

문학에서도 동일한 경우를 찾을 수 있다. 베다Bede는 이미 8세기에 『운율법 Ars Metrica』에서 운율과 리듬 사이의 구별, 즉 양적인 시구와 음절로 된 시구 사이에 구별을 두었다. 그는 이 각각의 시적 양식이 각기 고유한 비례의 유형을 가지고 있다고 주장했다.[41] 그 후에도 여러 저자들이 이런 주장을 되풀이했다.[42] 앞으로 토마스 아퀴나스의 형상 이론을 살펴보면 알게 되겠지만, 이 모든 경험들이 결국 하나의 신학적 형이상학으로 일치를 보게 되고, 비례의 개념은 좀 더 복잡하게 결정된다.

비례의 미학은 언제나 양에 관한 미학으로 자리를 지켜 왔다. 그러므로 비례의 미학은 빛과 색에서의 중세적 즐거움을 결코 만족스럽게 설명해 줄 수가 없었다. 그것은 질적인 경험이었기 때문이다.

---

41 George Saintsbury, *A History of Criticism*, 3 vols.(London : 1900), I, p. 404 참조.

42 9세기의 두 예로 아우렐리아누스 레오멘시스Aurelianus Reomensis와 레미기우스Remigius of Auxerre가 있다. Martin Gerbert, I, pp. 23, 68.

4 빛의 미학

1.

성 아우구스티누스는 『영혼의 양에 대하여 *De Quantitate Animae*』에서 기하학적 규칙성에 입각한 미 이론을 제시한다. 그는 정삼각형이 〈균형성 *aequalitas*〉 때문에 부등변 삼각형보다 아름답다고 말한다. 사각형은 한층 더 아름답다. 가장 아름다운 것은 원인데, 순환의 지속적인 균등함을 방해하는 각이 없기 때문이다. 무엇보다도 원은 나누어질 수 없고 그 자체 중심과 시작과 끝을 이루며 순환을 형성한다는 점에서 가장 아름다운 형태라는 것이다.[1]

이런 종류의 이론은 비례 개념을 신의 절대적 정체성에 의해 유도되는 형이상학적 정서와 연관짓는 경향이 있다. 기하학적 형태들에 대한 성 아우구스티누스의 논의는 사실상 영혼의 〈중심성〉에 관한 논의의 일부이다. 그러나 비례를 신의 불

---

1 St. Augustinus, *The Greatness of the Soul*, translated by W. H. Stahl (New York : 1952), chaps. 8~11.

가분한 완전성과 연결짓는 것은 복합적이며, 거기에는 모순의 씨앗이 담겨 있다. 그것이 바로 중세 미학이 양의 미학과 질의 미학 사이에서 해결을 요구받고 있는 문제이다.

질적인 미적 경험의 가장 명백한 징후는 중세가 빛과 색에 대해서 보이는 호의이다. 상당히 많은 흥미 있는 저술들이 이 호의의 증거를 제시하고 있는데, 거기에는 우리가 앞에서 살펴본 미적 전통과는 꽤 모순되는 것이 담겨 있다. 우리는 지금까지 중세의 이론가들이 운율에 대한 경험이나 인체 소묘와 같이 순수하게 경험적인 문제를 말할 때조차 미를 예지적인 것, 즉 일종의 수학적 질로 보았음을 살펴보았다. 그러나 이야기가 색채 경험 — 보석, 여러 물질, 꽃, 빛 등의 색채 — 에 도달하면 중세인들은 사물의 감각적인 속성에 대해 매우 생생한 감정을 드러낸다. 그들이 비례를 좋아하는 것은 처음에는 이론적인 교의로서만 표현된 것이고 실제와 가르침의 영역으로 옮아 간 것은 후에 점차적으로 이루어진 일이다. 반면, 그들이 빛과 색을 좋아한 것은 전형적으로 중세적인 것으로서 자발적인 반응이었으며, 나중에 가서야 자신들의 형이상학적 체계 내에서 학문적으로 표현되었다.[2] 색의 미는 즉각적으로 받아들여질 수 있고 불가분한 것으로, 비례의 경우와는 무관하게 어디에서나 순수하고 단순한 미로 느껴졌던 것이다.

즉각성과 단순성은 빛과 색에 대한 중세의 감성을 특징짓는 말이다. 당시의 조형 예술에는 그 이후의 세기들과는 사뭇

---

2 그런데 신비주의자들과 신플라톤주의자들의 저술들 속에서 빛은 언제나 영혼의 실재에 대한 은유였다.

다른 색채 의식이 있었다. 바로 단순하고 일차적인 색채로 한정되어 있었다는 점이다. 스푸마투라 *sfumatura*[3]와는 반대되는 일종의 색채적 결정성을 가지고 있었던 것이다. 그것은 명암 배합법에 근거한 것이 아니라 각기 고유한 광휘를 자아내는 색조들의 짝짓기에 근거하고 있었는데, 그 색조는 빛에 의해서 결정되어 심지어는 그림의 가장자리 밖으로도 펼쳐 나갈 수가 있었다. 시에서도 색채는 언제나 결정되어 있어서, 잔디는 푸르고, 피는 붉으며, 우유는 눈처럼 희다는 식이었다. 모든 색에는 최상급이 있었다 — 예를 들면 장미에는 제1붉은색 *praerubicunda*을 칠했다. 색채의 명암 정도는 다양할 수 있으나 결코 색이 흐려지거나 음영으로 처리되어서는 안 되었다. 중세의 세밀화들은 완전한 색에 대한 이런 호의, 활발한 색의 결합을 입증하고 있다. 우리는 그러한 것을 플랑드르와 부르고뉴 지방 화가들의 성숙기 작품들뿐만 아니라 —『베리 공의 호화로운 기도서 *Très riches heures du duc de Berry*』를 생각할 수 있다 — 레슈노Reichenau의 11세기 세밀화들과 같은 초기 작품들에서도 찾을 수 있다. 〈연보라, 바다색, 모래색, 분홍색, 청백색 등과 같이 레슈노 세밀화의 특징을 이루는 시원하고 밝은 색조들은 전체를 감도는 황금빛 광채를 발하면서 고유한 빛으로 빛나는 것 같다.〉[4] 그리고 크레티앵 드 트루아Chrétien de Troyes의『에레크와 에니드

---

3 음영, 뉘앙스 등의 뜻 — 옮긴이주.
4 André Grabar and Carl Nordenfalk, *Early Medieval Paintings, from the Fourth to the Eleventh Century*, translated by Stuart Gilbert(Skira: 1957), p. 206.

Erec et Enide』에서는 시인의 생생한 시각적 상상력과 화가의 상상력 사이의 연관성에 대한 문자 그대로의 증거가 있다.

그녀의 부탁을 받은 사람이 외투와 윗옷을 그녀에게 가지고 왔는데, 그 옷은 소매까지 흰 담비 털이 대어져 있었다. 손목과 목선에는 반 마르크의 무게 이상은 되는 금박이 둘러쳐져 있었고, 금이 있는 곳에는 남색, 초록색, 청색, 암갈색 등 다양한 색을 지닌 보석들도 박혀 있었다……. 외투는 매우 호사스러웠으며 섬세했다. 목 주위에는 검은 담비 털이 대어져 있었고, 장식술에는 1온스가 넘는 황금이 달려 있었다. 한쪽에는 풍신자석이, 다른 한쪽에는 루비가 촛불보다 더 밝게 빛나고 있었다. 흰 담비 털로 선을 대놓은 것은 여태껏 듣도 보도 못한 섬세한 것이었다. 천에는 정교한 십자수가 아로새겨져 있었는데, 색깔은 남색, 주홍색, 암청색, 흰색, 초록색, 청색, 황색 등 모두 다른 색이었다.[5]

물론 이것이 색의 매력 *suavitas coloris*에 대한 유일한 증거는 아니다. 라틴어나 기타 지방어로 된 중세 문학을 연구해 보면 상당한 수확을 거둘 수 있을 것이다. 단테는 동방의 사파이어의 부드러운 색 *dolce colore di oriental zaffiro*에 대해 쓰고 있고, 귀니첼리Guinizelli는 물들은 눈의 모습 *viso di neve colorato in grana*에 대해 쓰고 있다. 『롤랑의 노래 *Chanson de Roland*』는 우리에게 태양을 향해 불타며 빛나

---

5 Chrétien de Troyes, *Arthurian Romances*, translated by W. W. Comfort(London: 1914), p. 21.

는 희고 깨끗한 뒤랑달Durandal[6]을 선사한다. 그런 예는 무궁무진하다.[7] 또한 단순한 색들의 광채가 빛의 광채와 결합하는 예술 형식인 고딕 성당의 스테인드글라스 작업을 발전시킨 것도 중세 시대였다. 색에 대한 애호는 일상생활, 의복, 장식, 무기 등에서도 광범위하게 나타난다. 후기 중세의 감수성에 대해서 놀랄 만한 해설을 해주는 하위징아는 〈돛대 꼭대기에서부터 드리워진 화려한 장식 테이프가 수면에까지 닿아 있는, 막 출범하려는 함대의 광휘〉[8]를 보고 열광하는 프루아사르Froissart의 모습을 기록하고 있다. 또 『색들의 문장(紋章) Le Blason des couleurs』을 다룬 구절에서는 연노랑과 청색, 오렌지색과 흰색, 오렌지색과 분홍, 분홍과 흰색, 흑과 백의 배합을 찬양하고 있다. 그리고 올리비에 드 라 마르슈 Olivier de la Marche에는 〈자주색 비단옷을 입고 푸른색 비단 마갑을 입힌 여자용 암말에 올라탄 채, 진홍색 비단옷에 초록색 비단 두건을 쓴 세 명의 남자들에게 인도되고 있는〉[9] 한 귀부인을 묘사하는 구절이 있다.

색을 미의 원천으로 보는 중세의 이론들을 충분히 이해하고 싶다면 일반적 취향에 대한 이런 구절들을 꼭 참고해야 한다. 색에 대한 일반적인 애호는 뿌리 깊고 중요한 것이어서, 그것을 무시한다면 〈사물이 밝게 채색되었을 때 아름답다고 일컬어진다〉[10]는 식의 발언들을 철없고 피상적인 것이

---

6 『롤랑의 노래』에 나오는 주인공 롤랑의 칼 이름 — 옮긴이주.
7 프랑스 및 프로방스 시에서의 예들은 ET, III, p. 9 이하에 나와 있다.
8 J. Huizinga, p. 237.
9 J. Huizinga, p. 259.
10 S. T., I, 39, 8.

4 ___ 빛의 미학

라고 생각하게 될 것이다. 그런 발언을 한 철학자는 당대의 감수성에 영향을 받은 것이다. 마찬가지로 성 빅토르의 위그는 초록이 봄의 상징과 재생의 이미지로서 모든 색들 중 가장 아름답다고 말했다.[11] 여기에는 신비주의적 요소가 있는 게 사실이지만, 그렇다고 해서 감각적 즐거움을 부인하는 것은 아니다. 기욤 도베르뉴는 유사한 견해를 더 진전시키면서 심리학에 근거한 주장으로 뒷받침했다. 즉 초록은 눈을 팽창시키는 흰색과 눈을 수축시키는 검은색 중간에 있다고 한 것이다.[12]

그러나 철학자들과 신비주의자들은 단색들과는 별개로 일반적인 광휘와 태양의 빛에 매료당했다. 중세의 문학은 햇빛과 불의 광휘에 대한 즐거운 환호로 가득 차 있다. 고딕 성당의 기본적인 구조 원리는 열린 뇌문(雷文) 장식을 통해 들어오는 빛의 효과에 있었다. 쉬제르가 『단시(短詩)들 versiculi』에서 교회를 찬양할 때 썼던 것이 바로 이 장엄하고 차단되지 않는 투과성에 관한 것이었다.

교회는 밝은 가운데 부분과 더불어 빛난다.
밝음과 밝게 짝지어진 것은 밝으므로,
새로운 빛이 감도는 이 고귀한 건축물은 밝다.[13]

---

11 Hugh de St. Victor, *De Tribus Diebus*, chap. 12(PL, 176, col. 821. 이 논문은 『학습론 Didascalicon』의 제7권을 이루고 있다).

12 ET, III, p. 86.

13 Erwin Panofsky(1946), p. 22.

시에서는 단테의 「천국」 편만 언급해도 충분하다. 빛에 대한 애호를 보여 주는 완벽한 예증이기 때문이다. 또한 이 작품은 부분적으로 중세의 자발성의 한 표현이기도 하다. 중세인들은 흔히 신을 빛의 관점에서 생각하곤 했다. 또 부분적으로는 교부(敎父)에 의한 스콜라 철학의 영향을 받았다.[14] 신비주의자들의 산문도 비슷하다. 단테는 다음과 같이 썼다.

> 그리고 보라! 내 주위 온통 똑같이
> 새날이 시작될 때의 지평선처럼
> 광휘 위에 밝아 오는 광휘.[15]

또 성 힐데가르트는 이렇게 썼다.

> 나는 들판의 미 속에서 빛나는 신성의 살아 있는 불빛 같은 본질이다. 나는 물속에서 빛나며 태양과 달과 별들 속에서 불탄다.[16]

빛으로서 신의 이미지는 셈족 이교도 사상의 바알Baal, 이집트의 라Ra, 페르시아의 마즈다Mazda — 모두 태양이

---

14 Giovanni Getto, "Poesia e Teologia nel *Paradiso* di Dante", in *Aspetti della Poesia di Dante*(Firenze: 1966), pp. 193~235 참조.

15 Dante, *Il Paradiso*, XIV, 67~69, translated by John Ciardi, *The Divine Comedy*(New York and London: 1970).

16 Charles Singer, ed., *Studies in the History and Method of Science* (Oxford: 1917), p. 33.

나 태양의 자비로운 행위를 의인화한 것이다 — 에서부터 플라톤의 이데아, 즉 선의 태양에 이르기까지 모두 그 유래가 고대에 있다. 이 이미지는 신플라톤주의, 특히 프로클루스Proclus에게 전해졌고, 아우구스티누스를 통해 그리스도교의 전통으로 들어가서, 신을 언제나 루멘*lumen*, 불, 혹은 빛의 원천으로 찬미하는 〈위 디오니시우스〉에 이르게 된다. 후기 스콜라 철학에 영향을 준 또 다른 하나는 빛의 번쩍이는 본질에 대한 통찰력과 광명과 미의 황홀경을 전해 준 아랍의 범신론 — 아벤파체, 헤이 벤 요드캄, 이븐 토파일 — 이었다.[17]

2.

색에 대한 중세의 애호는 형이상학적 은유들과 일상생활 속에 그대로 반영되어 있다. 그러나 그들은 미에 대한 이런 질적인 개념이 미가 비례에 근거한다는 개념과 완전히 합치되지는 않는다는 것을 잘 알고 있었다. 두 개념의 차이는 이미 성 아우구스티누스에게 자명하게 나타나는데, 그는 플로티노스에게도 같은 것에 주목한 바 있다. 색채로 야기된 즐거움이 비판을 면했다면, 그리고 빛에 대한 은유가 유쾌하지만 빈약하게 규정된 우주론과 신비주의의 범위 내에서 사용되었다면 갈등은 피할 수 있었을 것이다. 그런데 13세기의 스콜라 철학에는 또 다른 문제가 있었다. 그들의 빛 개념은 여러 다른 곳에서 유래한 것이지만 모두 신플라톤주의가 짙

17 M. Menéndez Y Pelayo, *Historia de las Ideas Estéticas en España* (Madrid: 1890), I, chap. 3 참조.

게 스며 있던 것들에서 받아들였다. 그들은 빛의 철학을 두 가지 방법으로 전개시켰다. 한 가지는 일종의 물리-미학적 우주론으로서이고, 또 한 가지는 형상의 존재론으로서였다. 첫 번째 길은 그로스테스트와 성 보나벤투라가 취한 방법이고, 두 번째는 대알베르투스와 성 토마스 아퀴나스가 취한 길이었다.

어느 쪽도 우연은 아니었다. 마니교에 대해 벌어진 논쟁이 그것의 발단이 되었다. 또 다른 요인은 특별히 광학으로부터 얻은 과학적 소재의 범위 내에서 논의를 제공한 것으로 새로운 과학 정신이 성숙된 것이었다. 이것이 로저 베이컨의 시대였다. 그는 광학이라는 새로운 과학으로 모든 문제들을 해결할 수 있다고 천명했다. 가장 진보적인 스콜라 철학의 비유적인 개요의 일종인 『장미 이야기』에서 장 드 묑Jean de Meun은 무지개의 경이와 곡선 모양 거울 — 거인과 난쟁이들의 크기가 반대로 보이고 모습도 뒤틀려 보이는 — 의 신비에 대해서 장황하게 쓰고 있다. 이 주제를 다룬 가장 권위 있는 시는 알하젠Alhazen의 시였다. 사실 알하젠의 『투시법 혹은 광학De Aspectibus o De Perspectiva』은 빛에 대한 많은 중세적 사색의 원천이었다. 이 작품은 10세기 후반 혹은 11세기 초의 것인데, 그것의 명제는 13세기에 비텔로Witelo가 처음에는 『투시법De Perspectiva』에서, 다음으로는 『지각에 관한 서(書)Liber de Intelligentiis』(오랫동안 비텔로의 것으로 알려져 있었으나 지금은 성모의 아담Adam Pulchrae Mulieris[18]의 것으로 알려져 있다)에서 다루었다. 이 저술들은 우리가 미적 지각의 중세적 심리학에 대해 논의할 때 매우 중요하게 다루어질 것이다. 그러나 빛의 이론을 형이상학과 미학의 목적으로 채택한 사람은 로버트 그로스테스트였다.

그로스테스트는 초기 저작들 속에서 비례의 미학을 전개했다. 사실 미를 다음과 같이 보는 개념들은 그에게 빚지고 있는 셈이다.

> 미란 한 사물이 그 자체와, 각각의 모든 부분들이 그것들 자체에 대해서, 부분들 서로서로에 대해서, 부분들이 전체에 대해서, 또 전체가 모든 부분들에 대하여 조화를 이루고 적합하게 된 상태이다.[19]

후기 저작들 속에서 그는 빛의 개념을 다루었는데, 『헥사메론 Hexaemeron』에서는 미의 질적 개념과 양적 개념들 간의 갈등을 해소하고자 노력했다. 그는 빛을 모든 비례 중 최고의 것이자 최상의 것, 말하자면 스스로에 대해 가장 비례가 잘 맞는 것으로 규정했다.

> 빛은 그 자체로 아름답다. 왜냐하면 빛의 본질은 단순하고 모든 사물이 그와 비슷하기 때문이다. 그러므로 빛은 최고도로 통합되어 있으며 가장 조화롭게 비례를 이루고 있고 스스로에게 균등하다. 왜냐하면 미란 비례의 조화이기 때문이다.[20]

---

18 1230년경 파리 대학의 교수로 활동했던 아담 드 푸테오룸빌라Adam de Puteorumvilla의 다른 이름 — 옮긴이주.

19 Robert Grosseteste, *Comm. in Div. Nom.*, LB에서 인용함.

그러므로 동일성은 특별한 비례이며 신의 불가분한 미의 근거이고 빛의 원천이다. 〈왜냐하면 신은 최고로 단순하며 최고로 조화롭고 스스로 가장 적합한 존재이기 때문이다.〉[21]

여기서 그로스테스트는 보나벤투라에서 토마스 아퀴나스에 이르는 당시의 모든 스콜라 철학자들을 위해 어느 정도 길을 열어 주었다. 그러나 그 자신의 고유한 이론은 유난히 개인적이며 복잡하다. 신플라톤주의자로서 그는 빛의 근본적인 본질에 대해 주장했다. 그는 빛을 주는 에너지의 유일한 흐름이자 동시에 미와 존재의 원천에 의해 이루어진 우주의 모상으로서 빛의 근본적인 본질을 파악했다. 그것은 유출론*Emanationism*과 매우 가까웠다. 유일한 빛으로부터 점진적으로 응축되고 감소되면서 천체와 자연의 여러 요소들이 나왔고, 거기서부터 색조의 무한한 변화와 사물의 양감 및 행위들이 나왔다. 그래서 비례는 빛의 수학적 질서인 것이다. 스스로를 창조적으로 발산하면서 질료의 저항에 의해 빛에 주어진 매우 다양한 물질이 되어 가는 것이다. 〈그러므로 물질성은 빛 그 자체이거나 아니면 앞서 말한 작용을 수행하고 빛에 참여한다는 이유로 물질에 차원을 도입하는 대리자이며 이 같은 빛의 힘을 통해 작용한다.〉[22] 그러므로 『티마이오스』에 기술되어 있는 유형의 우주적 질서의 기원에는 거의 베르그송적인 창조적 에너지의 흐름이 있는 것이다. 〈빛은

---

20 Robert Grosseteste, *Comm. in Hexaemeron*, LB에서 인용함.
21 *Comm. in Div. Nom.*, LB에서 인용함.
22 이 인용문과 다음의 인용문은 클레어 리들Clare C. Riedl이 영역한 『빛에 관하여*On Light*』(Milwaukee: 1942), 10면에서 따온 것이다.

본질상 어떤 불투명체가 방해하지만 않으면, 빛의 한 점이 즉시 어떤 크기든 빛의 영역을 만들어 내는 식으로 모든 방향에서 스스로 발산한다.〉 그리고 창조된 세계를 인식하는 것은 분석에 의해 알려진 대로건 아니면 빛의 즉각성에서건 간에 그 세계의 미도 인식하는 것이다.

보나벤투라의 빛의 형이상학도 유사한 전제에 근거하고 있었다. 그러나 빛의 본질과 창조성에 대한 그의 설명은 아리스토텔레스의 질료형상론에 더 가깝다. 보나벤투라는 빛을 물체의 실체적인 형상, 즉 질료가 존재로 되면서 취하는 최초의 결정 요소로 간주했다. 〈빛은 본질적으로 천상의 것이든 지상의 것이든 모든 물체에 공통되는 것이다……. 빛은 그것들의 실체적 형상이다. 빛에 참여하는 정도에 따라 천체나 지상의 물체는 그들 존재의 진리와 위엄성을 획득한다.〉[23] 따라서 빛이 미의 원리였던 것은, 감각에 즐거움을 주기 때문만이 아니라 천상에서든 지상에서든 모든 색채와 광도의 변화가 빛을 통해 존재했기 때문이다. 보나벤투라는 빛을 세 가지 측면으로 보았다. 즉 룩스 *lux*, 루멘 *lumen* 그리고 색채 *color* 혹은 광휘 *splendor*이다. 룩스는 빛 〈그 자체〉, 즉 어디서나 존재하는 모든 운동의 근원으로서의 빛, 지구의 광물질을 형성하고 생명의 씨앗을 뿌리기 위해 지구의 내부까지 뚫고 들어간다. 루멘은 투명한 매체에 의해 생겨나서 공간 속을 돌아다니는 빛이다. 색채나 광휘는 빛이 부딪히는 불투명체에 의해 반사되는 것으로 생각되는 빛을 가리켰다. 엄격하

---

23 St. Bonaventura, *In II Sent.*, 13, 2, 2.

게 구분하자면, 광휘는 발광체들의 빛이며, 색은 지상의 물체들의 빛이다. 가시적 색채는 두 가지 형태의 빛이 서로 만나는 데서 태어났다. 한 가지는 불투명체에서의 빛이고, 다른 한 가지는 투명한 공간을 통해 빛나는 빛이다. 후자는 전자를 현실화하는 것이다. 순수한 상태로서의 빛은 실체적인 형상이므로 신플라톤주의적 의미에서 보면 일종의 창조력이었다. 불투명체의 색이나 광휘로서의 빛은 우연한 형식이었다. 이 개념은 아리스토텔레스주의에 다소 기대고 있는데, 아리스토텔레스 사상의 얼개를 이어받은 보나벤투라가 쉽게 받아들인 질료형상론에 가장 가까운 접근 방식이었다. 아퀴나스에게 빛은 〈태양이라는 실체적인 형상으로부터 파생되는 능동적인 특질〉[24]이었다. 투명체들은 빛을 받아서 전달하는 성질을 가졌는데 빛은 이런 식으로 새로운 성질인 새로운 〈발광〉 상태를 획득한다는 것이다. 〈룩스가 투명체에 참여하는 것을 루멘이라 부른다.〉[25] 그러나 보나벤투라에게 빛은 비록 물리적이긴 하지만 일차적으로, 그리고 근본적으로는 형이상학적 실재였다.

보나벤투라에게 흐르고 있던 신비하고 신플라톤적인 저류가 그로 하여금 빛의 미학의 우주적이고 황홀경 같은 성질을 강조하게끔 이끌었다. 미에 대해 그가 가장 아름답게 서술한 페이지는 축복을 내리는 광경과 천상의 영광을 서술한 곳이다. 부활한 인간의 신체에서 빛은 다음 네 가지의 근본적인 특징을 가지고 빛나게 될 것이다. 밝게 비추는 명료성, 감정

---

24 S. T., I, 67, 3.
25 St. Thomas Aquinas, *Comm. de Anima*, II, 14, 421.

이 없어 다른 것들을 더럽히지 않는다는 점, 즉각 돌아다닐 수 있는 기민성 그리고 투명체들을 뚫고 지나다닐 수 있는 투과성. 천상에서 거룩하게 된 원(原) 비례는 순수한 광휘로 용해되고 호모 콰드라투스의 이상은 빛의 신비주의 속에서 하나의 미학적 이상으로 되돌아온다.

5 ＿＿상징과 알레고리

1.

13세기에는 질료형상론에 토대를 둔 또 하나의 미 이론이 탄생되는 것을 볼 수 있다. 그것은 비례의 미학과 빛의 미학 속에서 발견되는 물리적, 형이상학적 미의 현상학들을 통합하려고 노력한 이론이었다. 그러나 중세 미적 감수성의 또 다른 측면을 먼저 살펴본다면 그 이론이 등장한 배경을 더 잘 이해할 수 있을 것이다. 어쩌면 그것이, 무엇보다도 먼저 그 시대의 특징이 되었고, 현재 우리가 독특하게 중세적인 것으로 생각하는 그 이론의 가장 전형적인 측면일지 모른다. 그것은 바로 세계를 상징과 알레고리의 관점에서 이해하려고 했던 중세의 경향이었다.

하위징아는 이에 대해 탁월한 분석을 했으며 이 점이야말로 오늘날에도 우리가 계속 지켜 나가야 할 경향이라고 덧붙이고 있다.

성 바울이 한 다음과 같은 말보다 중세의 정신이 더 염두에 두었던 진리는 없었다. 〈우리가 지금은 거울로 보는 것같이 희미하나 그때에는 얼굴과 얼굴을 대하여 볼 것이요*videmus nunc per speculum in aenigmate, tunc autem facie ad faciem.*〉 모든 사물들이 현상계에서 자신들의 기능과 위치의 의미를 소진한다면, 그리고 본질을 통해 이 세계 너머에 있는 세계에 도달하지 않는다면, 모든 사물은 부조리하게 되리라는 점을 중세 시대는 결코 잊은 적이 없었다. 일상적 사물들에 대한 한층 심오한 의미를 담은 이 개념은, 나뭇잎에 떨어지는 빗방울 소리나 탁자 위의 전등 불빛에 의해 어느 순간이든 일어날 수 있는 무한한 감정으로서 종교적 신념과는 상관없이 우리에게 매우 친숙한 것이다. 그런 감정들은 병적인 염려의 형태를 띠고 있어서, 모든 사물들이 어떤 대가를 치르더라도 반드시 해결해야 할 위협이나 수수께끼로 가득 찬 것처럼 보이게 한다. 또는 우리로 하여금 우리의 삶 또한 세계의 숨겨진 의미에 포함되어 있다는 생각을 갖게 하여 그런 감정들을 평정과 확신의 원천으로 경험하게 되기도 한다.[1]

중세인들은 사물들 속에 나타난 신의 표현인 신성을 언급하고 상기시켜 주며 연상시키는 세계에서 살았다. 대자연은 그들에게 전령관처럼 말했다. 사자나 밤나무는 겉으로 보이는 것 이상이며, 독수리의 머리에 사자 몸을 한 괴수도 사자처럼 실제적인데, 그 이유는 사자와 마찬가지로 그 괴수들도

---

1 J. Huizinga, p. 194.

보다 높은 진리의 표징이기 때문이다. 루이스 멈포드는 이것을 일종의 노이로제로 서술했는데,[2] 이는 사물을 보는 중세의 방식에 나타나는 변형과 왜곡의 요소를 꼭 집어냈다는 점에서 분명히 적절한 비유다. 좀 더 정확하게 말하자면 그러한 정신 상태를 원시적이라고 말할 수도 있을 것이다. 즉 사물을 구별해 내는 그들의 능력에는 약점이 있는데, 그것은 자신들의 개념 속에 해당하는 그 사물뿐만 아니라 그것과 유사하거나 관련된 것들까지 포함하려는 경향을 말한다. 그러나 그것이 원시주의는 아니다. 오히려 그것은 비록 새로운 이미지들과 그리스도교적인 정서에서 나온 가치의 관점에서 다듬어지긴 했어도 고전 시대의 신화적 차원을 연장하고 있는 것이라 할 수 있다. 또 그것은 초자연적인 것에 대한 새로운 감각에 의해서 유발되었다가 루키아누스Lucianus의 신들이 호메로스의 신들을 대신하던 고대 후기에는 주춤했던 경이감의 부활이었다.

또 신비와 상징에 대한 중세적 경향을 보이티우스의 그것과 비견할 만한 현실로부터의 비상이라고 생각할 수도 있지만, 그것은 이론의 차원에서보다는 우화라는 민중적 차원에서 그런 것이다. 초기 중세의 〈암흑시대〉는 도시건 시골이건 전쟁과 기근과 페스트와 이른 죽음이 만연했던 우울한 시기였다. 서기 1000년의 신경과민적 공포는 전설에서 나타나는 것처럼 그렇게 극적이고 엄청난 것은 아니었다. 그러나 전설은 스스로 탄생해서 지역적인 불안과 급진적인 불안정이라는

---

2 Lewis Mumford, *The Condition of Man*(London : 1944), pp. 138 이하.

환경 속에서 번성해 갔다. 이런 문제들에 직면한 사회가 고안해 낸 해결책 중의 하나였던 수도원 제도는 안정되고 질서 있고 평온한 공동체를 탄생시켰다. 그러나 상상력은 상징체들을 전개시킴으로써 다른 방식으로 위기에 대응했다. 자연은 가장 무서운 상태에서조차 상징적 상상력에는 일종의 알파벳 같았다. 신이 인간들에게 말을 하는 도구가 되고 사물들의 질서 및 초자연적인 것의 축복을 드러내 주며 이런 신적 질서 가운데에서 스스로 어떻게 나아가야 할지, 어떻게 천국을 얻을지 보여 주는 알파벳 말이다. 사물들은 그 자체로는 무질서하고 유약하기 짝이 없으며 적대적으로 보이기 때문에 불신을 조장할지도 모른다. 그러나 사물들은 겉으로 보이는 것 이상이었다. 사물들은 기호였다. 이 세계가 인간에 대한 신의 담화이기 때문에 세계에는 희망이 회복되었던 것이다.

그리스도교 사상가들은 동시에 지상의 사물들이 최소한 구원의 도구로 사용될 수 있다고 긍정적으로 정당화시켜 생각했다. 그러나 우화와 상징들은 이론이 설명해 낼 수 없는 특질들을 설명하는 능력을 가지고 있었다. 또한 그것들은 추상적인 형식으로는 지루하게 여겨지던 교의들을 이해할 수 있게 해주었다. 초기 그리스도교는 이미 신앙의 원리를 상징적으로 표현한 바 있다. 박해를 피하기 위한 생각에서 그랬던 것이다. 예수 그리스도가 물고기로 표현된 것이 한 예이다. 그런데 이로 말미암아 중세인의 마음에 맞는 상상적이고 교훈적인 가능성의 길이 다양하게 열렸다. 순박한 사람들은 자신들의 신앙을 이미지로 바꾸기가 쉽다는 것을 알게 되었고, 신학자들과 교사들은 일반 사람들이 이론적인 형식으로 파악할 수 없었던 개념들의 이미지를 만들어 냈다. 사람들이 좋아하는 것에 이미지와 상징으로 다가감으로써 사람들을 교육하려는 대대적인 캠페인이 있었다. 쉬제르는 그 캠페인을 주도한 인물들 중 한 사람이었다. 1025년 아라스Arras 교회 회의에서 논의된 것에 따라 호노리우스가 말한 것처럼 그림은 평신도의 문학이었다 *laicorum literatura*.[3] 이런 식으로 교육의 이론이 당시의 감수성에 밀착되었는데, 그것은 그 시대를 전형화하는 정신적 과정들을 이용하고자 하는 일종의 문화적 정치학이었다.

이러한 상징에 대한 애호는 중세의 사고방식에 영향을 주었다. 중세인들은 자연스럽게 인과 관계에 의해서 발생학적으로 사물을 해석하게 되었다. 그러나 사물들 간의 관계를 인과적 연관으로서가 아니라 의미와 목적의 그물망으로 보는 이해의 양태인 일종의 정신적 〈합선 상태〉도 있었다. 예를 들면, 정신적으로 갑자기 비약해서 흰색, 붉은색, 녹색은 자비롭지만 검은색과 노란색은 속죄와 슬픔을 의미한다고 하기도 했던 것이다. 흰색은 빛, 영원, 순결, 순수의 상징이었다. 여기에는 오늘날에도 여전히 공감을 얻을 수 있는 감수성이 있다. 타조는 깃털의 완벽한 균등이 통일 개념을 시사한다고 해서 정의의 상징이었다. 제 자신의 살점을 먹여 새끼를 살찌운다고 알려져 있던 펠리칸은 성체 성사에서 당신의 피와 살을 인간에게 주신 그리스도의 상징이 되었다. 일각수는 처녀의 무릎에 머리를 묻으면 처녀가 잡을 수도 있는

---

[3] Honorius, *Gemma Animae*, chap. 132(PL, 172, col. 586).

동물이라 해서 하느님의 독생자, 또는 마리아의 자궁에서 다시 태어난 이중적인 그리스도의 상징이었다. 상징주의가 일단 받아들여지면 일각수는 타조나 펠리칸보다 한층 더 〈실제적〉인 것으로 인정되었다.

상징적 해석에는 기본적으로 본질과의 조화 및 본질에 대한 유추가 담겨 있다. 사실 하위징아는 상징적 해석을 본질의 면에서 사고하는 능력으로 설명한다. 상징과 상징된 사물은 추상될 수 있고 비교될 수 있다는 특징을 공통적으로 가지고 있다. 그래서 가시덤불 사이에 핀 붉은 장미와 흰 장미는 박해자들 앞에서 빛나던 처녀들과 순교자들을 떠올리게 했다. 장미와 가시덤불이 한편이라면 처녀들과 순교자들이 다른 한편이었다. 그들은 일정한 공통점을 가지고 있었는데, 흰색은 순수, 붉은색은 피, 사나움, 잔인함인 것이다. 이런 식으로 색채는 분명하고 자율적인 가치와 더불어 본질로 환원되었다.[4] 그러나 상징적 해석은 그보다 데코룸 *decorum*과 더 많은 관계를 가지고 있었다. 상징의 형성은 예술적이었다. 상징을 해독하는 것은 상징을 미학적으로 경험하는 일이었다. 그것은 중세인들이 수수께끼를 풀면서, 대담한 유추를 해결하면서, 모험과 발견에 가담되었다고 느끼면서 굉장한 즐거움을 느낄 때 하는 미적 표현의 한 유형이었다.

〈위 디오니시우스〉에 따르면 신에 관계된 것들은 전혀 다른 실재물로 — 사자, 곰, 표범 등 — 상징되어야 알맞은데 그 이유는 상징물이 무엇을 나타내는지 금방 알 수 있게 만

---

4 J. Huizinga, pp. 195 이하.

드는 것은 바로 상징의 모순이기 때문이다.[5] 그렇게도 말해지고 이렇게도 말해진다 *Aliud dicitur, aliud demonstratur*: 중세인들은 오늘날의 우리가 시의 서정주의에 감동하는 것보다 한층 더 쉽게 이 원리에 감동했다. 베다에 의하면 알레고리는 정신을 자극하며 표현을 실감나게 하고 양식을 장식해 준다. 우리가 이런 취향에 동조하지 않는 것은 당연하지만 이것이 중세인들의 취미였고 그들의 미적 요구들을 만족시켜 주었던 근본 양태들 중 하나였음을 잊어서는 안 된다. 사실 그것은 이렇게 부단한 노력으로 자연적인 것과 초자연적인 것을 통일하는 비례를 향한 일종의 무의식적 추구였다. 상징적인 세계에서는 모든 사물이 다른 모든 사물들에 화답하기 때문에 제각각 적합한 곳에 위치하게 된다. 그런 조화로운 체계 속에서는 뱀이 신중함의 미덕과 동일한 성질을 가진다. 그런가 하면 뱀이 사탄을 상징할 수도 있다. 그것은 일종의 기호와 지시의 다성 음악이었다. 그리스도와 그의 신성은 각각 서로 다른 장소에서 ― 천상, 산꼭대기, 들판, 숲 속, 바다 등 ― 그의 임재를 나타내는 여러 종류의 많은 피조물들에 의해 상징된다. 사용된 상징들 중에는 어린 양, 비둘기, 공작, 숫양, 독수리의 머리에 사자 몸을 한 괴수, 수탉, 스라소니, 야자수 그리고 심지어는 포도송이까지 있어 이미지들의 다성 음악이라고 할 만하다. 〈각각의 개념에 대하여 다른 개념들은 만화경에서처럼 대칭적인 모양들을 형성하면서 스스로 집단을 형성한다.〉[6]

5 Pseudo-Dionysius, *Cêlestial Hierarchy*, II.

2.

중세의 상징주의는 그런 식으로 그 세계의 미적 개념들을 표현해 냈다. 그러나 거기에는 두 가지 형식이 있었다. 하나는 형이상학적 상징주의로서 세계의 미 속에서 신의 손을 식별해 내는 철학적 습성에 관련된 것이었다.[7] 또 하나는 보편적인 알레고리로서, 이 세계를 신의 예술 작품으로, 즉 세계 안에 있는 모든 것은 문자 그대로의 의미 이외에 도덕적, 알레고리적, 신비적 의미를 가진다는 식으로 보는 것이다. 지금까지 내가 살펴보았던 것은 사실 보편적인 알레고리이다.

형이상학적 상징주의의 뿌리는 고대에 있다. 마크로비우스는 사물의 미가 마치 거울처럼 신의 손을 반영한다고 쓴 바 있다.[8] 일반적인 신플라톤주의도 그와 비슷한 신념을 가지고 있었다. 중세 시대에 형이상학적 상징주의를 가장 효과적으로 정립시킨 것은 〈위 디오니시우스〉를 따랐던 요한네스 스코투스 에리우게나였다. 그에게 이 세계는 최초이자 영원한 원인들을 통해 신을 나타내고 그 원인들을 감각적인 미 속에서 나타내는 하나의 위대한 신현(神顯)이었다. 〈내 판단으로는 가시적이고 물질적인 사물들 중에서 영적이고 예지적인 것을 의미하지 않는 것은 아무것도 없다〉[9]고 그는 썼다. 불가사의하며 입에 올리기조차 황송한 신의 창조력은 모든 피조물들 속에서 계속 활동하고 있다. 비록 신은 비밀스럽게

6 J. Huizinga, p. 198.

7 에드가 드 브륀이 말했듯이, 형이상학적 상징주의는 〈존재론적 참여의 미학적 표현〉이었다. *L'Esthétique du moyen age* (Louvain : 1947), p. 93.

8 Macrobius, *Commentary on 'The Dream of Scipio'*, I, 14.

9 Johannes Scotus Eriugena, *On the Division of Nature*, V, 3.

만 알려질 수 있고 궁극적으로는 파악될 수 없는 존재이긴 하지만 그렇게 해서 스스로를 나타내고 드러낸다는 것이다. 영원한 원형들, 모든 존재의 변하지 않는 원인들이 신의 말씀으로 작용한다. 위대한 사랑의 숨결로 생기를 띤 그것들은 원초적인 혼돈의 암흑 속에서 창조적으로 여기저기에 흩뿌려졌다.

하나의 신, 하나의 선, 하나의 빛이 만물들 속에 전파되어 만물들이 온전히 존재할 수 있게 되었고, 모든 사람들이 신의 미를 알고 사랑할 수 있도록 만물들 속에서 빛나며, 만물들이 훌륭히 번성할 수 있고 모든 것이 신 안에서 하나가 될 수 있도록 만물을 지배한다. 그래서 빛 중의 빛은 성부로부터 오는 것이다.[10]

우리가 무한한 신현(神顯)적 조화, 최초의 원인들, 성인들을 상기하기 위해서는, 지상의 가시적 미에 그저 눈길을 던지기만 하면 된다. 영원성의 얼굴은 지상의 사물들을 통해 빛나므로 우리는 그것들을 은유의 일종으로 여길 수도 있다. 여기서 형이상학적 상징주의로부터 우주적 알레고리로의 이행이 일어나는 것을 알 수 있다. 사실 에리우게나는 그러한 이행에 대해 숙고했다. 그러나 그의 미학이 지닌 근본적인 특징은, 자연을 상상에 의해서가 아니라 철학적으로 연구한 그의 능력, 즉 관념의 진실되고 독특한 실재의 입장에서 구

---

10 Johannes Scotus Eriugena, *Super Hierarchiam Caelestem*, chap. 1(PL, 122, col. 128).

체적인 것을 평가 절하하려 할 뿐만 아니라, 존재론적 가치들을 신적 관여의 이론 측면에서 보는 그의 능력에 의해 결정되었다. 본질적으로 우리가 닿을 수 없는 어떤 것으로서, 신과 일치하기 때문에 결코 알 수 없는 이상적인 영역에 대한 이 개념은 그의 미학을 중세 플라톤주의에서 가장 풍성한 결실을 낳은 장들 중의 하나로 만들었다. 그러나 그것은 아리스토텔레스의 질료형상론에서 일어나려고 하던 본질적인 미의 존재론과는 거리가 멀었다.

형이상학적 상징주의에 대한 또 다른 설명은 12세기에 성 빅토르의 위그가 해주었다. 그에게도 지상은 〈신의 손가락으로 쓴 책과 같은 것*quasi quidam liber scriptus digito Dei*〉이었다.[11] 미에 대한 인간의 감수성은 궁극적으로 예지미의 발견을 향한 것이었다. 청각과 시각의 즐거움, 후각과 촉각의 즐거움은 우리로 하여금 세속의 미와 맞닥뜨리게 하고, 우리는 그 속에서 신의 반영을 보는 것이다. 〈위 디오니시우스〉의 『천상의 위계*Celestial Hierarchy*』에 대한 주석에서 위그는 미학적인 함축을 강하게 담으면서 에리우게나와 꼭 같은 주제를 다룬다.

> 가시적인 모든 사물들이 분명하게 우리에게 상징적으로 말할 때, 즉 그것들이 비유적으로 해석될 때 비가시적인 의미와 말을 가리킬 수 있다……. 그것들의 미가 사물의 가시적인 형식 속에 있기에…… 가시적 미는 비가시적 미의 영

---

11 Hugues de St. Victor, *De Tribus Diebus*, chap. 4(PL, 176, col. 814, n. 9, Chap IV 참조.).

상이라고 말할 수 있다.[12]

그의 이론은 에리우게나의 이론보다 더 구체적이다. 그가 직유라는 미학적 개념 속에 상징주의의 원리를 세우는 것을 보면 좀 더 비판적임을 알 수 있다. 거기에는 세속미의 불충분성이라는 낭만적인 감각이 있는데, 이것은 신을 향한 열망의 한 형태인 불만족감을 지상의 미를 명상하는 사람의 마음속에 불러일으킨다. 강렬한 미의 면전에는 멜랑콜리라고 하는 근대적 정서에 필적하는 것이 있다. 그러나 그것은 근본적으로 상이한 문화권에서 인간의 기본적인 태도들이 갖는 모호한 유사성에 불과한 것이다. 위그의 멜랑콜리는 지상의 사물들에 의해 야기되는 신비주의자들의 과격한 불만족에 더 가까우며, 그것이 세계를 단순히 지성적으로 거부한다고 해석하기에는 너무 강렬한 것이다. 빅토르 학파의 미학은 관조에 대한 역동적 개념을 통해서 추(醜)에조차 상징적 가치를 부여했다 — 여기에는 낭만적 의미의 아이러니와 어떤 유추가 있을지도 모른다. 영혼이 추와 만나게 되면 만족을 성취할 수가 없고, 미로 인해서 생겨나는 환영으로부터도 자유롭게 되기 때문이다. 그렇게 해서 추는 자연스럽게 참되고 형언할 수 없는 절대미를 열망하도록 이끄는 것이다.

3.
형이상학적 상징주의에서 보편적 알레고리로 가는 경로는

---

12 Hugues de St. Victor, *In Hierarchiam Coelestem*, II(PL, 175, col. 949).

논리적이거나 역사적인 용어로는 설명할 수 없다. 상징을 알레고리로 결정화하는 것은 일부 문학의 전통에서 일어난다고 볼 수 있지만, 중세 시대에는 두 가지가 동시에 일어났다. 상징은 둘 중 더 철학적이었으며, 대상에 대한 보다 덜 명확하고 덜 분명한 의미뿐 아니라 관점상의 어떤 독창성을 전제로 하고 있었다. 알레고리는 좀 더 일반적이고 관습적이었으며 더 제도화되어 있었다. 그것은 동물 우화집 *Bestiaries*, 보석 세공집 *Lapidaries*,[13] 헬레니즘 시대의 『자연학 *Physiologos*』,[14] 호노리우스의 『교회의 거울 *Speculum Ecclesiae*』과 『세계의 모습에 관하여 *De Imagine Mundi*』, 두란두스의 『신성한 창조의 원리 *Rationale Divinorum Officiorum*』 등에서 찾을 수 있다.[15]

세계를 알레고리적으로 해석한다는 것은 세계를 성서처럼 해석한다는 뜻이었다. 왜냐하면 성서 주석의 이론은 자연에 대해서도 타당할 것으로 생각되었기 때문이다. 성서의 문자적 의미 외에도 알레고리적 의미, 도덕적 혹은 비유적 의미, 유추적 의미가 있었다. 이런 신조는 베다에서 단테에 이르기까지 중세 시대를 거치면서 세련되어 갔다. 베다와 성 빅토르

---

13 보석류의 의학적, 마술적 성질들을 다룬 책.

14 동물 세계의 놀라운 일들과 특징들에 기초를 둔 그리스도교 알레고리 선집으로, 2세기 말경에 알렉산드리아에서 처음 등장하여 중세 시대에 널리 번역되어 읽혔다.

15 Honorius, *Speculum Ecclesiae*, PL, 172, cols. 807~1107; *De Imagine Mundi*, PL, 172, cols. 115~187. William Durandus, *Rationale Divinorum Officiorum*(Treviso: 1479). 두란두스의 제1권에서 발췌한 부분들이 Elizabeth, G. Holt, I, pp. 120~129에 실려 있다.

의 위그가 말하듯이 단어들뿐만 아니라 사물들에도 알레고리적 의미가 있다는 것을 깨닫는 일은 중요하다. 그것은 문학적 의인화의 고상한 유희와는 거의 상관없다. 그것은 오히려 모든 사물이 의인화된 세계였다. 〈모든 물체들은 보이지 않는 선한 것들과 유사성을 가지고 있다.〉[16] 알랑 드 릴의 것으로 알려진 시구에 이런 상황이 가장 잘 나타나고 있다.

> 이 지상의 모든 피조물은
> 그림이나 책과 같다.
> 그것은 우리 자신의 거울이다.
> 그것은 우리네 삶과 죽음,
> 그리고 우리의 상태와 운명의
> 정확한 표식이다.
> 장미는 우리의 상태에 걸맞은 이미지요
> 그림이며
> 우리 삶에 대한 교훈이다.
> 왜냐하면 장미는 이른 아침에 꽃이 피고
> 지는 꽃은
> 저녁에 번성하기 때문이다.[17]

자연에 대한 알레고리적 개념은 예술에 관한 알레고리적 개념과 함께했다. 성 빅토르의 리샤르Richard de St. Victor는 양자를 함께 다룬 이론을 가지고 있었다. 신의 작품들은

---

16 Richard of St. Victor, *Benjamin Major*, II, 12 (PL, 196, col. 90).
17 ET, II, p. 338에서 인용함.

모두 인간들을 위한 지침으로 창조되었으나, 인간의 산업이 만들어 낸 산물들은 일부만 알레고리적이며 나머지는 그렇지 않다고 그는 말했다. 문예는 알레고리에 알맞지만 조형 예술은 문학적 의인화를 재현함으로써 일종의 파생된 알레고리를 그리는 것이다.[18] 그러나 이론의 영역 밖에서는 인간 작업의 알레고리적 내용이 자연의 그것보다 점차 더 강렬하게 느껴져서, 일반적 세평은 리샤르와는 매우 다르게 결말이 났다. 즉 자연의 알레고리는 점차 약해지고 좀 더 모호해지며 관습적으로 되어 간 반면, 예술은 심지어 조형 예술조차 여러 가지 의미가 의도적으로 부여된 것으로 여겨지게 된 것이다. 세계에 대한 알레고리적 해석은 기반을 잃었지만 시적 알레고리는 여전히 친숙하고 뿌리 깊게 남아 있었다. 13세기의 진보적인 의견은 자연의 알레고리를 확실하게 단념하면서 『장미 이야기』라는 알레고리적 시들의 원형을 탄생시켰다. 고전적인 시 역시 언제나 알레고리적 의미에서 읽혔다.[19]

이런 식의 예술적 고안과 이해는 현대인에게 약간의 적대감을 갖게 한다. 그것이 시에서의 무미건조함의 표시 내지는 지성주의를 약화하는 표시로 받아들여지기 때문이다. 그것은 삶의 도덕적인 개념에 담보되어 예술이 교훈적이지 않으면 이해 못하는 문화권이 세속 문학에 대해 보이는 반응으로 설명된다. 물론 중세인들에게 예술이란 무엇보다 교훈적인 것임을 부인할 수는 없다. 〈유사한 것을 고안해 내어 사물의

18 *Benjamin Major*, II, 14(PL, 196, col. 92).
19 Domenico Comparetti, *Vergil in the Middle Ages*, translated by E. F. M. Benecke(London and New York: 1895) 참조.

진리를 가리키는 것이 시 예술의 특징이다〉[20]라고 아퀴나스가 썼듯이 말이다. 중세 시대처럼 하나로 통합된 문화 속에서는 그 이외의 어떤 것도 불가능했다. 그러나 그렇다고 해서 중세 예술이 알레고리로 향했던 경향을 충분히 설명할 수는 없다. 시를 알레고리적으로 해석하는 것이 어떤 무미건조하고 인위적인 체계를 시에 부과한다는 의미가 아니었다. 그것은 시 속에서 최고로 가능한 즐거움, 거울을 통해 희미하게 계시받는 즐거움 *per speculum in aenigmate*으로 여겨진 것을 찾아내는 것을 뜻했다. 그들은 시의 서정주의뿐만 아니라 시의 상징적인 가치에도 반응했던 것이다. 그것이 언제나 지성의 목표였다.

매 시대마다 고유한 시적 감수성이 있으므로, 현대의 감수성을 기준으로 중세인들을 판단하는 것은 잘못일 것이다. 우리는 어쩌면 중세인들이 베르길리우스에게서 예언과 예시를 밝혀낼 때 가졌던 그 미묘한 즐거움을 다시는 경험할 수 없을지 모른다(조이스나 엘리엇의 독자가 그런 종류의 감정을 느낄 수 있을까?). 만약 중세인들이 그런 즐거움을 느꼈다는 것을 최소한 인정조차 하지 않는다면 우리는 그들의 정신을 완전히 거부하는 셈이다. 12세기 성 알반St. Alban of Hildesheim의「시편」삽화가는 요새로 둘러싸인 도시가 공격당하는 모습을 묘사했다. 그 묘사에 우아함이나 정확성이 결여되어 있다는 것을 느끼고 싶어진다면 그것이 단지 자료적인 재현이 아니라 정신적인 재현이라는 것을 기억하지 않으

---

20 *Quaestiones Quodlibetales*, VII, 6, 3.

면 안 된다. 그 공격은 물리적이면서 동시에 악에 휩쓸린 사람들의 공격이기도 하다. 그 삽화가는 이런 유형의 해석이 순수하게 시각적인 경험보다 더 철저하고 더 만족스럽다고 굳게 믿고 있었던 것이다.

알레고리적 의미가 예술에 속하는 것으로 보는 것은 예술을 자연과 동일한 견지에서 이미지들의 살아 있는 보고로 여긴다는 것을 의미한다. 직관과 느낌이 정신의 속성, 나아가서는 세계의 근본적인 속성이었던 문화권에서는 예술을 직관과 느낌의 관점에서 생각했다. 자연 역시 진화하는 것 혹은 유기적 성장과 형식의 발전을 보여 주는 창조적 구성 *Gestaltung*으로 여겨지던 시대에는 예술이 하나의 유기체, 즉 형태*Gestalt*로 생각되었다. 자연은 초자연적인 것의 무한한 알레고리적 재현으로 여겨졌으며, 예술 또한 같은 차원에서 논의되었던 것이다.

예술적 알레고리는 고딕 예술이 성숙하게 되고 쉬제르의 격려로 고무되면서 신격화의 단계에 이르렀다. 중세 문명에 있어서 최고의 예술적 성취인 성당들은 비록 실제상으로는 자연에 완전하게 적용할 수 없는 해석의 규칙들을 따라 지어지긴 했지만 자연의 대리물이자 진정한 교과서*liber et pictura*가 되었다. 성당의 건축적 구조, 심지어는 성당의 지리적 방향까지도 어떤 의미가 있었다. 정문 위에 있는 형상들, 창문 위의 디자인들, 벽 윗부분에 장식으로 돌출된 곳의 괴물들과 이무기 돌에서조차 성당은 인간과 인간 역사, 인간과 우주의 관계에 대한 종합적 시각을 실현시켰다. 포시용은 〈균제와 반복을 고려한 배열, 수의 법칙, 상징들의 음악 등이

이 거대한 돌의 백과사전을 묵묵히 통합하고 있다〉[21]고 썼다. 이렇게 비유적인 담론을 정리하면서 고딕 시대의 대가들은 알레고리라는 기제를 사용했다. 일정한 유추들을 파악해 내고, 전통적인 방식대로 기호와 상징을 해석하며, 이미지들을 그에 걸맞은 정신적인 등가물로 옮겨 내는 중세적 습관이라는 군건한 사회학적 사실이 그들이 채택한 기호들을 쉽게 읽힐 수 있게 해주었다.

성당의 시학에는 일치의 원리가 미학적 원리로서 지배하고 있었다. 그것은 일차적으로 신·구약 성서의 일치에서 나온 것이다. 구약 속의 모든 것은 신약의 예시로 여겨졌기 때문이었다. 성서에 대한 이런 〈유형론적〉 해석은 신·구약 성서 속의 상징과 속성, 인물과 에피소드의 일치를 낳았다. 예언자들은 언제나 전통적으로 특정한 머리 장식을 하고 있어서 식별이 가능하다. 시바의 여왕은 언제나 물갈퀴 발이었다. 인물과 건축 환경 간에도 일치가 있었다. 샤르트르 대성당에 있는 성모의 문에는 입구 양쪽에 주교들의 상이 조각된 기둥들이 있다. 사무엘은 희생양의 머리를 아래로 들고 있기 때문에 알아볼 수 있다. 모세는 오른손으로 자신의 왼편에 있는 기둥을 가리키고 있다. 아브라함은 숫양을 밟고 서 있고 그 앞에 있는 이삭은 순종적으로 팔짱을 끼고 있다. 이 인물들은 연대기순으로 위치하여 메시아의 선구자들 전부의 존재 가능성을 구체화하고 있다. 첫 번째 사제인 멜키세덱 Melchisedech은 손에 성배를 들고 무리를 이끌고 있다. 성

21 Henri Focillon, *The Art of the West*, translated by Donald King, 2 vols.(London: 1963), I, p. 8.

베드로는 새 율법의 문턱 위에 같은 자세로 서서 맨 뒤를 맡고 있는데, 이는 신비를 드러냈다는 표시다. 이들 무리는 마치 내부에서 신비를 축하받고 있는 새로운 약속의 현관에 서 있는 것처럼 문턱 위에 등장한다. 성서적 일치에서 표현된 대로 세계의 역사는 연속된 이미지들의 형태를 띤다. 알레고리의 수학은 완벽하다. 건축적인 것, 조형적인 것, 의미론적인 것이 함께 가르치고 서로 의사소통을 하는 것이다.[22]

4.

알레고리에 관한 가장 엄격한 이론은 토마스 아퀴나스의 이론이다. 그의 이론은 우주론적 알레고리의 마지막을 장식하며 현상에 대해 좀 더 합리적인 견해를 선도했기 때문에 엄격한 동시에 품위가 있다. 아퀴나스는 이런 물음을 던졌다. 성서는 은유를 사용해서 무슨 이점이 있었는가? 그리고 성서는 한 가지 이상의 의미를 주었는가? 그는 첫 번째 물음에는 긍정적으로 대답했다. 〈신의 사물들과 정신을 물질적인 직유로 전이시킨 것은〉[23] 실로 득이 되었다고. 정신적 실재들이 감각 지식에 의해 파악될 수 있다면, 그것들은 인간의 의식에 좀 더 쉽게 받아들여질 것이라고.

두 번째 물음에 아퀴나스는 성서에서 의미의 첫 단계는 역사적이거나 문자 그대로의 것이며, 이것이 알레고리적 의미, 도덕적 의미, 유추적 의미의 세 종류로 이루어지는 정신적

---

22 이 예는 Emile Mâle, "Le Portail de Senlis", in *Art et artistes du moyen age* (Paris: 1947)에서 따온 것이다.
23 S. T., I, 1, 9.

의미의 기초가 된다고 대답했다. 그러나 정신적 의미는 문자적 의미보다는 문자적 의미가 지시하는 사건들에서 나타난다. 성서에 서술된 사건들이 미래의 사건들을 예언한다는 이 견해는 사실 매우 전통적인 것이다. 〈신은 일정한 사물에 의미를 부여하기 위해 일의 과정을 배열하신다.〉[24] 그러나 아퀴나스는 자연적 대상들이 성서의 맥락 안에서만 알레고리적 의미를 가진다고 주장하여 전통과의 고리를 끊었다. 그는 우주적 알레고리를 성서적 알레고리로 축소했다. 자연적 대상들은 그 자체로는 아무런 알레고리적 의미도 갖고 있지 않다. 적어도 아퀴나스가 그것들이 알레고리적 의미를 갖고 있다고 말한 것은 어디에도 기록되어 있지 않다. 그리고 예술도 역시 문자적 의미만을 가진다. 정확히 하자면 예술은 아퀴나스가 〈우화 같다〉고 한 그런 종류의 의미, 즉 〈문자적 의미 이상은 없는〉[25] 의미를 가졌다는 것이다. 이 말은 시적 이미지와 그것의 통상적인 의미 — 보통 그것의 알레고리적 의미라고 불리는 것 — 가 순전히 독자나 청자의 마음속에서만 서로 연결된다는 뜻이다. 그것들은 어떤 특별한 해석학적 노력 없이 단순한 정신적 행위로 파악되는 것이다. 양이 관습적으로 그리스도를 나타내는 데 사용되는 것처럼 이미지와 의미를 결합시키는 것은 관습의 문제이기 때문이다. 그러므로 우화적 의미는 알레고리의 전통 속에서 교육받은 감수성들에 뿌리를 두고 있다. 그것은 신비주의나 형이상학에서 탄생된 종류가 아니라 관습적인 의미였던 것이다. 〈단어

---

24 *Quaestiones Quodlibetales*, VII, 6, 3.
25 같은 책.

들은 어떤 것을 적절하게 비유적으로 의미할 수 있다. 문자적 의미는 말의 형태 자체가 아니라 비유된 대상인 것이다.〉[26]

이런 주장과 함께 자연은 의미론적, 초현실적 특질을 상실했다. 자연은 더 이상 〈상징들의 숲〉이 아닌 것이다. 중세 시대의 우주는 우리가 과학적이라 부르게 될 우주에 길을 내주었다. 그 이전의 사물들은 그것들이 무엇인가 하는 것 때문이 아니라 무엇을 의미하는가 하는 것 때문에 가치가 있었다. 그러나 어느 시점부터인지 신의 창조 행위가 기호들을 구성하는 것이 아니라 형식을 만드는 것이라는 인식이 생기게 되었다. 알레고리적 감수성이 최고조에 달했던 고딕의 조형 예술조차도 그런 새로운 기류를 반영하고 있었다. 거대한 상징적 관념과 나란히 자연에 대한 감정의 신선함과 대상에 대한 친밀한 세심함을 드러내는 기분 좋게 작은 모양들도 있었다. 포도는 최초이자 최고의 신비한 의미를 가졌기 때문에 그때까지 아무도 포도송이에 대해 가타부타 말하지 못했다. 그러나 이제는 기둥머리를 장식한 줄기와 가지, 잎들과 꽃들을 볼 수 있을 것이다. 현관에는 일상의 제스처와 기술, 농장 일을 정확히 묘사하는 꽃들이 만발해 있다. 알레고리적 형상들도 인간의 심리적 개성보다는 유형이나 이상에 더 근접하는 것처럼 실재적이며 그들 나름의 생기로 가득 차 있다.

12세기에는 자연에 관심이 있었다. 아리스토텔레스를 인정하고 수용했던 그다음 세기는 사물들의 구체적 형상에 초점을 두었다. 보편적 알레고리에서 잔존한 것들은 모두 호모

---

[26] S. T., I, 1, 10 ad 3.

콰드라투스에게 그러한 힘을 주었던 현기증 나는 수학이었다. 그래서 15세기에는 알랑 드 라 로슈Alan de la Roche가 150가지의 도덕적 습관을 만들어 내기 위해 십계를 15가지 덕목으로 늘리는 것을 볼 수 있다. 그러나 3세기 동안 조각가와 화가들은 자연의 생명감과 리듬을 관찰하기 위해 봄이면 숲으로 가곤 했었다. 로저 베이컨은 염소의 피가 다이아몬드를 부수는 데 꼭 필요한 것은 아니라고 단언했다. 그 증거는 〈그것을 내 눈으로 보았다〉는 것이었다.

새로운 종류의 미학적 인식이 탄생했으니, 그것은 구체적인 유기체의 미학이었다. 그것은 깊은 숙고에서 나온 것이 아니라 구체적으로 존재하는 실체들에 대한 새로운 철학의 복잡성으로부터 나왔다.

6 ___ 미적 지각

1.

13세기의 사상가들은 사물들의 구체적 실재에 민감한 관심을 갖기 시작했는데, 거기에는 시각의 심리학에 대한 집중적인 과학, 철학적 연구가 수반되었다. 미적 지각의 경우에는 이 문제에 대해 두 가지 측면이 있었다. 한 가지는 무엇이든 객관적으로 아름다운 것은 아름다운 것으로서 지각되어야 한다는 것이다. 다른 한 가지는 예술 작품은 심중에 있는 미적 지각과 더불어 고안되었다는 점이다. 즉 예술 작품은 수용자의 주관성 속에 있는 지각적 경험의 본질을 전제한다는 것이다.

고대 플라톤은 이미 이 두 가지 측면 모두를 인식하고 있었다. 『소피스트』에서 그는 이렇게 말했다.

> (화가와 조각가들이) 아름다운 형식들의 진정한 비례를 재생해 낼 때, 그대도 알다시피 윗부분은 멀고 아랫부분은 손에

서 가깝기 때문에 윗부분이 실제보다 더 작게 보이고 아랫부분은 더 크게 보일 것이다……. (예술가들은) ……형태에 실제의 비례를 주는 것이 아니라 아름답게 보이는 비례를 부여한다.[1]

전통은 이 문제를 피디아스 Phidias[2]와 연관짓는다. 그의 작품「아테네」의 아랫부분은 클로즈업해서 보면 너무 짧지만 눈높이 위에서 내려다볼 때나 밑에서 올려다볼 때는 올바른 차원을 취한다. 비트루비우스 역시 심메트리아 symmetria와 〈에우리트미아 eurhythmia〉[3]를 구별했다. 후자는 시각이 요구하는 바를 따른 미의 유형이다. 그것은 일차적으로 대상의 순수하게 객관적인 비례보다는 눈이 사물을 보는 방식과 연관된 기술적 규칙이다. 원근법 이론은 15세기에 발전된 것이 사실이지만 사람들이 그것을 깨닫게 된 것이 반드시 르네상스 때는 아니다. 또한 중세인들이 〈대상뿐만 아니라 주관도 한층 차원 높은 통일 속에 침잠해 있다〉[4]고 믿었다는 것도 정확하지 않다. 아미앵 성당에 있는 킹스 갤러리의 조각들은 바닥에서 30미터나 아래에서 본 상태로 만들어졌다. 눈은 코에서 한참 멀고 머리는 거대하게 조각된 것이다. 랭스 성당의 뾰족탑 위에 있는 조각들은 팔이 지나치게 짧고 등은 너무 길며 어깨는 처졌고 다리는 짧다. 객관적 비례에 대한 요구들은

---

[1] Platon, *The Sophist*, 235 and 236a, translated by H. N. Fowler (London and Cambridge: 1921).

[2] 기원전 5세기경의 조각가 ― 옮긴이주.

[3] 원래의 뜻은 〈적절한 리듬〉으로, 객관적 비례의 심메트리아와 구별되는 주관적 비례를 가리킨다 ― 옮긴이주.

[4] Erwin Panofsky(1970), p. 130.

눈의 요구를 따른다. 그래서 실제로 예술가들은 미적 경험에서의 주관적 요소에 대해 인식하고 있었고 또 그것을 따랐다.

2.

철학은 여기서 우리의 관심을 끄는 문제와는 거의 연관성이 없는 정도까지 훨씬 더 추상적인 방식으로 이 문제를 다루었다. 그러나 결국 문제는 주관과 객관이 어떻게 상관되는가 하는 것이었고, 우리가 앞으로 살펴보려는 철학적 이론들과 관련된 것도 이 문제였다. 우리는 이미 보이티우스가 관찰자의 심리적 요구들을 만족시키도록 고안된 미적 비례에 대해 어느 정도 간접적인 언급을 한 것을 살펴본 바 있다. 그 이전에 성 아우구스티누스는 대상과 마음 사이의 관계를 리듬의 분석 같은 데서 자주 논하곤 했다. 아우구스티누스는 『질서론 *De Ordine*』에서 미적 특징이 시 지각과 도덕적 판단에만 속하는 것으로 보았다. 청각과 더 하급의 감각들은 객관적인 미 *pulchritudo*보다는 주관적인 미 *suavitas*와 관계가 있다는 것이다. 이로 말미암아 특별히 지식에 잘 맞는 감각들이 있다는 이론 *maxime cognoscitivi*, 즉 아퀴나스의 체계에서 다룬 이론으로서, 문제가 되는 감각들은 시각과 청각이라는 이론이 등장하였다. 빅토르 학파의 심리학에서 감각적 조화를 경험하며 느끼는 환희는 신체적 즐거움의 연장이었다. 그것은 감정적인 생활에 뿌리를 두고 있었으며, 마음의 구조와 물질의 구조 사이의 존재론적으로 실재적인 상응 관계에 근거하는 것이었다.[5] 관조가 때로는 미적 성격을 가진다고 하는 성 빅토르의 리샤르는 그것을 〈지혜의 광경 앞에

선 명료한 직관과 찬탄의 상태〉[6]로 규정했다. 그런 황홀경의 순간에 영혼은 확장되어 미에 의해 고양되며 대상 속에 완전히 흡수된다.

보나벤투라는 좀 더 엄숙하게, 감각 지식은 비례의 규칙에 의해 지배된다고 했다. 〈어떤 작용하는 힘이 수용자를 비례에 어긋나지 않을 정도로 지나치게 압도하지 않는 경우 수아비타스 *suavitas*가 있다고 말한다. 지나치면 감각들이 힘겨워하지만 적당하면 즐거워하기 때문이다.〉[7] 그리고 즐거움이란 대상이 유쾌한 것일 때 일어난다. 〈유쾌함은 유쾌한 것과 거기서 즐거움을 얻는 사람과의 연계 관계에서 비롯된다.〉[8] 이 관계에는 사랑이라는 요소가 있다. 최고의 즐거움은 감각 지식에서 오는 것이 아니라 사랑에서 비롯되며 거기에는 비례에 대한 인식과 대상에서의 상호성이 포함되어 있기 때문이다. 사랑은 주관과 대상이 모두 그 관계에 의식적으로, 그리고 적극적으로 적합한 상태이다. 〈이 사랑의 감정은 최고도로 관대함을 함께 나누는 것이므로 모든 것 중에서 가장 고귀하다……. 피조물에 관한 한 그 어떤 것도 상호간의 사랑보다 더 기쁨을 주는 것은 없으며 사랑 없이는 기쁨도 없다.〉[9]

관조에 대한 보나벤투라의 이런 감정적인 이론은, 신비주의에 대한 그의 인식론에서 나온 추론에 불과하기 때문에 다소 엉성하게 나타나 있다. 기욤 도베르뉴는 그것을 좀 더

---

5 이것은 근대의 감정 이입 이론과 전혀 다르지 않다.
6 *Benjamin Major*, I, 4(PL, 196, col. 67).
7 *Itinerarium Mentis in Deum*, II, 5.
8 *In I Sent.*, 1, 3, 2.
9 *In I Sent.*, 10, 1, 2.

완전하게 다루었다. 그것이 소위 그의 감정주의의 토대다. 그는 관조의 주관적 측면과 미의 경험에 있어서 즐거움의 역할을 강조했다. 〈어떤 사물이 보는 이에게 자발적으로 즐거움을 주고 시각을 기쁘게 할 때 우리가 그것을 시각적으로 아름답다고 한다.〉[10] 판단의 일치를 보게 되는 아름다운 대상 속에는 객관적인 특질이 있지만, 미의 결정적인 요소와 표시는 시각적 감각을 수반하는 즐거운 동의이다. 〈시각적 미를 이해하고 싶다면 시각이라는 감각을 고려하지 않으면 안 된다……. 우리의 시각이 인정하고 즐거움을 얻는 미와 장식……〉[11] 이 문제에 관하여 기욤 도베르뉴는 언제나 두 가지 용어를 사용했다. 인지 능력에 속하는 용어(보는 것 *spectare*, 관조하는 것 *intueri*, 관찰하는 것 *aspicere*)와 감정 상태에 속하는 용어(기쁨을 주는 것 *placere*, 기뻐하는 것 *delectare*)가 그것이다. 영혼에 관한 그의 이론은 인지적인 것과 감정적인 것의 두 가지 기능들이 서로 구분할 수 없을 정도로 얽혀 있다. 어떤 대상이 그저 의식 앞에 나타나서 그 성질을 드러내면 그 대상은 기쁨과 매혹의 감각을 불러일으킬 수 있을 것이다. 그와 동시에 주관은 미를 알게 되고 거기에 도달하게 된다.[12]

3.
이런 철학적 이론들의 일반적 성격은 같은 시기에 시·지

---

10 Guillaume d'Auvergne, *De Bono et Malo*. LB에서 인용함.
11 앞의 책.
12 기욤 도베르뉴의 영혼 이론은 ET, III, 80~82면에서 논의되고 있다.

각의 심리학적 기제로 진행되던 연구와는 첨예하게 대립된다. 이런 연구들은 알하젠과 그의 추종자들의 작업에서 예증되고 있다. 『지각에 관한 서』는 반사된 빛의 모델 위에서 시각 현상을 설명했다. 빛나는 물체는 광선을 방사함으로써 거울 속에 영상을 만든다. 그것이 반사되는 영상을 만들어 내는 능동적인 힘이며 거울은 그저 그 영상을 수용하기에 적합한 수동적인 잠재력에 불과하다. 인간의 마음은 이 능동적인 힘을 수용하는 데 특별히 잘 맞으며, 의식적으로 그것을 수용하려 할 때 즐거움을 경험한다. 최고의 즐거움은 빛나는 물체가 우리 안에 있는 빛나는 본성을 만날 때이다. 이 즐거움은 사물들 사이의 비례에 기초하고 있으며, 특별히 인간의 마음과 세계에 서로 잘 맞는다. 그것은 궁극적으로 실재를 서로 묶어 주는 형이상학적 사랑에 기초하고 있다.[13]

비텔로는 『광학에 관하여』에서 주관과 대상의 관계를 좀 더 충실하게 분석하여 인지 능력에 포함되어 있는 내적 과정들에 관한 흥미로운 이론을 이끌어 냈다.[14] 그는 시·지각을 두 가지로 구별했다. 하나는 〈오로지 직관을 통한…… 시각적 형식의 파악〉이며, 또 하나는 〈선행하는 지식과 직관을 통한 지각〉이었다. 첫 번째 유형은 빛과 색채의 지각 속에 예증되어 있다. 좀 더 복잡한 실재들은 〈시각만이 아니라 영혼의 다른 행위까지〉 요구한다. 시각적 성질의 순수 직관뿐 아니

---

13 『지각에 관한 서』의 텍스트를 위해서는 Clemens Baumker, *Witelo* (Münster: 1908), pp. 1~71, 특히 XII, XVIII장 참조.
14 비텔로의 『광학에 관하여』의 여러 부분들이 Clemens Baumker, *Witelo*, pp. 127~179에 실려 있다. 여기서 요약한 논점과 인용문들은 p. 143, pp. 172~175 참조.

라 〈상호 지각된 서로 다른 형식들을 비교하는 이성의 행위도 있다〉는 것이다. 지각 대상과의 이런 〈대화〉 후에야 비로소 우리는 관념적이기까지 한 그 대상에 대한 지식을 획득하게 되는 것이다.

시각적 감각들은 기억, 상상력, 이성에 의해 보충되며 이 모든 것들의 종합은 거의 동시에 신속하게 이루어진다. 미적 지각은 두 번째 유형에 속한다. 거기에는 지각이 가질 수 있는 객관적인 속성들의 다중성과 그것들을 비교하고 관련짓는 일에 있어서 주관의 행위들 사이에 신속하고 복잡한 상호 작용이 포함되어 있다. 〈형식들은 특정 의도나 연관된 수많은 의도들 때문에 아름다운 것이 아니다……. 가시적 사물들의 미는 (특정) 의도에서 나오는 것이 아니라 수많은 의도들과 가시적 형식들의 상호 연계에서 나오는 것이다.〉

다음으로 비텔로는 객관적인 조건, 즉 그들에게 즐거움을 주는 가시적 형식들의 특징들을 결정하고자 한다. 먼저 크기와 같은 단순한 성질들이 있다. 이것이 달이 별들보다 더 아름다운 이유이다. 형상의 패턴이나 디자인*figura*도 있다. 광활한 공간에 펼쳐진 푸른 숲처럼 연속성이란 성질도 있다. 그런가 하면 여러 무리의 별들이나 불을 밝힌 가느다란 초처럼 불연속성도 있다. 불빛에 비친 물체들의 거침, 혹은 부드러움도 있고 공작의 꽁지처럼 빛의 거침을 완화하고 색채의 부드러운 양감을 창조해 내는 명암법도 있다. 유쾌한 색채들이 유쾌한 비례와 결합될 때 생기는 복합적인 성질들도 있다. 서로 다른 성질들이 새롭고 좀 더 감각적인 미를 산출하기 위해 상호 작용하는 것이다.

비텔로는 더 나아가서 상당히 흥미 있는 두 가지 원리를 정립했다. 첫 번째 원리는 취미에는 어떤 상대성이 있어서 시간과 장소에 따라 달라진다는 것이다. 시각적 성질들은 어느 곳에서나 동일하지는 않은 적합성*convenientia*을 가지고 있다. 비텔로는 〈사람들은 제각기 자기만의 관습에 따라 미에 대해 자기만의 평가를 내린다〉고 쓴 바 있다. 두 번째 원리는 감각 경험의 주관적인 면은 대상을 미적으로 평가하고 향수하는 방법에 대한 정확한 척도라는 것이다. 예를 들어 어떤 사물들에 꼴사나운 표시가 있는 경우에는 멀리서 보아야 한다. 또 축소물 같은 것들은 세밀한 부분이나 감추어진 의도*intentiones subtiles*, 선의 어울림*lineatio decens*, 각 부분들의 아름다운 배열*ordinatio partium venusta* 등을 자세히 보고 싶을 경우 아주 가까이에서 보아야 한다. 그러므로 멀고 가까움은 미적 경험에서 필수적인 요인이 된다. 대상을 비스듬하게 보면 모습이 변화할 수도 있으므로 시각의 축 역시 필수적이다.

4.

비텔로의 중요성과 그의 미학의 성숙도를 강조할 필요는 거의 없으며 우리가 토마스 아퀴나스를 이해하는 데 그가 얼마만큼 도움이 되었나 하는 것도 강조할 필요는 없다. 아퀴나스의 미학은 비텔로의 미학만큼 분석적이거나 완결되어 있지는 않았지만 같은 기류를 이어받았다. 비텔로의 책은 1270년에 나왔으며 『신학 대전』은 1266년에 시작돼서 1273년에 완성되었다. 두 저서는 비슷한 시기에 나왔고 유사한 문제들을 다루었으며 비슷한 전개선상에 놓여 있었다.

대알베르투스의 미학 이론들은 아퀴나스를 고무시켜 미적 경험의 주관적 측면에 관심을 갖게 했다. 알베르투스는 미를 각 부분들의 비례가 잘 맞는 대상에서의 실질적인 형식의 광휘로 서술했다. 〈광휘〉는 순전히 객관적인 특질, 존재론적인 빛남을 가리키는 말인데 그것은 지식의 대상이 되건 안 되건 존재하는 것이다. 그리고 그것은 다양성을 통일로 변형시키는 구성의 원리 속에서 발견되는 특질이다. 아퀴나스는 미가 초월적 성질이라는 견해를 은연중에 인정했지만[15] 미에 대한 그의 정의는 알베르투스의 정의를 뛰어넘는 것이었다. 그는 『신학 대전』 속의 한 구절에서 선한 것과 아름다운 것의 동일성과 차이점을 역설하면서 계속해서 다음과 같이 말하고 있다.

> (모든 만물이 바라는 상태인) 선은 욕망과 관계가 있고 (욕망은 어떤 것을 향해 나아가는 일종의 운동이므로) 목적의 개념을 포함하고 있다. 한편 미는 지식과 관계가 있어서 어떤 사물이 보는 이의 눈을 즐겁게 할 때 그것을 아름답다고 부른다. 감각은 자신들과 비례가 잘 맞는 사물들에서 기쁨을 얻고, 감각 기능은 다른 모든 지식의 기능과 마찬가지로 일종의 비례다. 이것이 미가 올바른 비례의 문제가 되는 이유다. 안다는 것은 떠올리는 것에 의해 진전되며 떠올려진 것들은 형식과 관계가 있으므로 미에는 형식의 개념이 포함되어 있다.[16]

---

15 이 문제는 움베르토 에코, 『토마스 아퀴나스의 미학 문제 *Il Problema Estetico in Tommaso d'Aquino*』, 2판(Milano: 1970), 2장에서 논의되고 있다.

이것은 매우 중요한 구절로서 많은 근본적인 요점들을 명료하게 만들어 준다. 사물의 아름다움과 선함은 둘 다 형식에 근거하기 때문에 동일한 것이다. 이것이 사실상 매우 일반적인 견해였다. 그러나 형식은 그것이 어떤 욕구의 대상이 되는 한, 즉 현실화나 형식의 소유를 위한 갈망의 대상이 되는 한, 그 형식이 실재하는 한, 선함을 지닌다. 반면 미는 형식과 지식과의 관계 속에서만 존재한다. 보일 때 즐거움을 주는 *visa placent* 사물들은 아름답다는 것이다.

〈*visa*〉라는 단어는 사실 그저 〈보인다〉는 것이 아니고 알려진 존재라는 의미에서 〈지각된다〉는 뜻을 가지고 있다. 아퀴나스에게 〈비지오 *visio*〉는 인지 *apprehensio*를 뜻했다. 그래서 아름다운 것은 인지되면 즐거움을 주는 어떤 것 *id cujus apprehensio placet*이었다.[17] 그것은 형상인과 관계가 있다. 그것은 단지 사물의 감각적 성질들이 보인다는 뜻은 아니다. 그렇다기보다는 실체적 형상의 내재적 구조에 따라 구성된 성질과 특질들의 지각을 말하는 것이다. 그것은 이해의 지적이고 개념적인 행동이다. 아퀴나스의 〈비지오〉라는 용어에 대한 이런 해석은 지식의 한 유형으로서 『신학 대전』의 여러 구절 속에서 정당화되고 있다.[18]

미는 대상과 그것의 미를 알고 있는 마음과의 관계 속에서 현실화된다. 그리고 그것은 경험자의 타당성과 즐거움을 보증해 주는 사물의 객관적인 성질이다. 〈미를 위해서는 세 가

---

16 S. T., I, 5, 4 ad 1.
17 S. T., I-II, 27, 1 ad 3.
18 S. T., I, 67, 1; S. T., I-II, 77, 5 ad 3.

지 필요조건이 있다. 첫째는 완전성이다. 어떤 사물이 손상되어 있다면 추하다. 다음으로는 비례, 혹은 조화이다. 그다음으로는 명료성이 있다. 밝게 채색되어 있는 사물은 아름답다고 불린다.〉[19] 잘 알려진 이 세 가지 성질들은 오랜 전통에서 나온 것으로 바로 거기에 미가 존재한다. 그러나 미의 순리성은 인지, 즉 비지오와 관계가 있다. 그리고 즐거움은 미에 필수적인 또 하나의 요인이다.

아퀴나스의 시각으로 보면 즐거움이란 완전히 객관적인 사물들 속의 잠재성으로 인해 야기되는 것이다. 즐거움이 미를 규정하거나 결정하는 것은 아니다. 여기서의 문제는 매우 실제적인 것으로서, 성 아우구스티누스에게서 이미 드러난 것이다. 그는 사물들이 기쁨을 주기 때문에 아름다운 것인지, 아니면 아름답기 때문에 기쁨을 주는 것인지를 물었고 그가 택한 것은 후자였다.[20]

그러나 의지에 우위를 부여하는 이론이라면 즐거움이 대상에 의해 결정되는 것이 아니라 대상에 신중하고도 자유로이 부속된 감정이라고 여기려 할 것이다. 이런 견해는 둔스 스코투스Duns Scotus에게서 발견된다. 스코투스는 〈지성이 행위를 통제하는 것과 마찬가지로 의지도 행위를 통제한다〉는 이론을 주장했다.[21] 그래서 미적 지각은 〈행동이 의지의 규칙에 종속되는 한 참여하려는 자유로운 잠재력이며 이것은 더 아름다운 것과 덜 아름다운 것에도 마찬가지이다.〉[22]

19 S. T., I, 39, 8.
20 St. Augustinus, *De Vera Religione*, 32.
21 John Duns Scotus, *Opus Oxoniense*(*Quaest. in Lib. Sent.*), IV, 49, 4, 4.

반대로 아퀴나스의 경우에서처럼 지성에 우위를 부여하는 이론에서는 아름다운 사물의 미적 경험을 결정하는 것이 그 사물의 객관적 속성이다. 이런 성질들은 〈비지오〉에서 현실화되며, 사람들에게 알려지는 것이 바로 이런 성질들인 것이다. 그리고 이것은 우리가 미의 객관성에 관해서 취하는 견해를 다소 변경시킨다.

〈비지오〉라는 용어는 무관심적인 지식을 의미한다. 그것은 신비한 사랑의 황홀경이나 감각 자극에 대한 감각적 반응과는 아무런 관계도 없다. 그것은 빅토르 학파 심리학의 특징인 대상에 대한 감정 이입적 관계와도 아무 상관이 없다. 그것은 무관심적인 유형의 즐거움을 산출하는 지성적 유형의 인지를 의미한다. 〈그것을 보거나 알게 됨으로써 욕구가 편안해지는 것은 아름다운 것에 속한다.〉[23] 미적 경험은 그 대상을 소유하는 것을 뜻하는 것이 아니라 그 대상을 관조하고 그것의 비례와 완전성과 명료성을 관찰하는 것을 말한다. 그래서 미를 지각하는 것과 가장 관계가 많은 감각들은 가장 인지적인 maxime cognoscitivi 감각들이다. 〈우리는 아름다운 모습과 아름다운 소리에 관해서 말한다.〉[24]

〈비지오〉를 현대적인 의미에서 직관으로 생각하는 것도 잘못이다 — 혹자가 그러듯이 〈지적 직관〉으로 보는 것도 마찬가지이다. 직관이나 지적 직관은 아퀴나스적 인식론의 부분이 아니다. 마리탱은 추상보다 우선하는 감각적 파악을 직관

---

22 *Opus Oxoniense*, I, 1, 5, 1.
23 S. T., I-II, 27, 1 ad 3.
24 S. T., I-II, 27, 1 ad 3.

이라고 보았다.[25] 그러나 첫 번째 인지 능력이 추상인 인식론에서는 직관의 자리가 없다. 추상, 즉 단순한 감지 *simplex apprehensio*는 가능한 지성 위에 개념-형성의 토대로서 이해 가능한 종들을 각인하는 행동이다.[26] 아퀴나스에게 지성은 분별 있는 개별자들을 알 수가 없으며, 지성이 감각 대상들을 알게 되는 것은 감각적 표상에 대한 반영 *reflexio ad phantasmata* 속에서 추상 이후에야 가능한 것이다.[27] 인간의 지성은 종잡을 수가 없다. 미적 〈비지오〉도 마찬가지다. 그것은 복합적인 행동이며 대상에 대한 복잡한 파악이다. 분별 있는 직관은 우리로 하여금 어떤 개별적인 대상의 몇몇 특징들과 접촉하게 하지만 그 대상을 결정하는 동반 여건들의 복합체와 시공간 내에서의 위치, 존재 그 자체는 직관으로는 알 수 없다. 그것들은 오히려 종잡을 수 없는 판단 행위를 요구한다. 아퀴나스에게 미적 지식은 지성적 지식과 같은 종류의 복합성을 가진다. 왜냐하면 그것은 동일한 대상, 즉 어떤 현실태에 의해서 알게 된 어떤 사물의 실질적 실재를 가지고 있기 때문이다.

---

25 J. Maritain, *Art and Scholasticism*. 예컨대 pp. 44~49 참조.
26 S. T., I, 84와 I, 85, 1-2-3. 이 문제에 관해서는 M. D. Roland-Gosselin, "Peut-on parler d'intuition intellectuelle dans la philosophie Thomiste?", in *Philosophia Perennis* (Regensburg: 1930) 참조.
27 S. T., I, 86, 1.

7 ___ 유기체의 미학

1.

〈유기체의 미학〉이란 표현은 〈형상의 미학〉이란 표현보다 다음과 같은 이유에서 아퀴나스에게 더 잘 맞는다. 대알베르투스가 미를 실체적 형상의 광휘로서 언급했을 때 그는 명백히 하나의 실체를 구성하기 위해 질료와 결합하여 질료의 잠재성을 현실화하는 완성태로서의 형상을 생각하고 있었다. 미는 형상과 통합되는 질료에서 이 구성 원리가 발화한 것이었다. 그러나 아퀴나스에게, 그의 모든 철학 체계에 비추어 명료성, 완전성, 비례의 개념을 해석하면 그의 미 이론에서의 〈형상〉은 실체적 형상보다는 완전한 하나의 실체와 관계가 있다는 결론에 도달해야 마땅하다. 그가 염두에 두고 있었던 것은 질료와 형상의 구체적 종합, 따라서 하나의 완전한 유기체였던 것이다.

〈형상〉이란 용어를 〈실체〉라는 뜻으로 사용하는 것은 아퀴나스에게 상당히 일반적이다. 〈형상〉은 때로 피상적인 의미의 모르페*morphē*,¹ 혹은 형태로 — 즉 네 번째 종의 특질, 한 물체의 양적인 테두리, 3차원적 윤곽 — 사용되기도 한다.² 또는 질료 속에서 통합되어 그것의 본질적인 추상성으로부터 벗어날 때만 존재를 이루는 실체적인 형상을 의미할 수도 있다. 그런가 하면 마지막으로 본질*essentia*, 즉 파악되고 규정되는 한에서의 실체를 의미할 수도 있다.

대상들을 실체적 구체성에서 고려하는 것이 아퀴나스 형이상학의 특징이었다. 정통 아리스토텔레스적인 입장은 실체적 형상에 집중하는 것이었으며, 이런 정통성은 플라톤주의와도 유사 관계가 있다. 플라톤주의는 감각 세계 속에서 이데아를 분리시키기를 좋아한다(혹은 이데아를 감각 세계와 대립시키기를 즐긴다). 그것은 이데아의 변증법과 실재의 변증법을 사물들과 그 본질들의 변증법으로 해석하는 것이다. 〈본질의 것*id quod est*〉, 혹은 〈존재자*ens*〉는 〈존재*quo est*〉, 즉 개념적 본질과는 다르다. 그것은 물론 사물 그 자체보다 사물의 신비한 의미를 더 실제적이라고 여기면서 세계를 상징적으로 설명하는 사람들이 취하는 시각보다는 훨씬 더 비판적인 시각이다. 그러나 본질의 존재론에는 비록 잠재되어 있긴 하지만 사물이 그저 〈거기 존재한다는 것〉보다는 규정할 수 있는 것이 더 중요하다고 생각하는 관념론에 굴복하려는 경향이 있다.

아퀴나스 존재론의 색다른 점은 바로 여기에 있다. 말하자면 그는 제일의 가치를 〈존재 자체*ipsum esse*〉, 즉 존재의 구

---

1 영어의 〈*form*〉으로 번역할 수 있는 그리스어 — 옮긴이주.
2 S. T., I-II, 110, 3 ob. 3.

체적 작용이라고 하는 실존적인 존재론을 제시했다는 점이다. 그는 질료와 형상의 결합 위에 본질과 존재의 구성적, 결정적 결합을 더한 것이다. 아퀴나스에게 〈존재의 장소*quo est*〉는 〈존재*ens*〉를 설명하지 않는다. 질료 없는 형상은 아무 것도 아니다. 그러나 신적(神的) 참여를 통하여 형상과 질료가 존재의 행위 속에서 결합되면 구성 원리와 구성된 것 사이에 어떤 관계가 성립하게 된다. 이 지점에서 중요한 것은 실재하는 유기체, 즉 〈존재 자체〉가 거기에 걸맞은 행위가 되는 실체인 것이다.[3] 이븐시나Ibn Sina에게서 그랬던 것처럼 존재는 더 이상 본질의 한갓 우연한 결정이 아니라, 본질을 가능하고 현실적인 것으로 만들어 주는 것인 동시에 본질적인 것의 실체가 되는 것이다. 형상과 실체 간의 연관성은 하나가 없이는 다른 하나도 없을 정도로 너무나 강한 것이어서 아퀴나스에게 〈형상〉이란 용어에는 〈실체〉라는 뜻도 함축되어 있다 — 물론 형상과 실체가 논리적으로 구별되는 특별한 경우는 제외된다. 그래서 본질, 혹은 퀴디타스*quiditas*의 개념, 또는 형성하는 어떤 것으로 간주되는 형상의 개념은 무엇보다도 존재하는 행위를 연상시킨다. 이런 존재론에서는 초전체적 세계들이 생명을 얻은 것인데, 중세적 정신으로 보아 굳이 이런 새로운 아퀴나스적 개념의 근본적인 의미를 강조할 필요는 없다.[4] 하우저Arnold Hauser는 문화와 사회적 관계의 발전과의 연관성에 적절한 관심을 보인다.

---

3 *Summa Contra Gentiles*, II, 54.
4 Etienne Gilson, *The Christian Philosophy of St. Thomas Aquinas* (London : 1957), Part, I, chap. 1 참조.

고대 세계가 끝난 후에 모든 의미와 가치를 잃어버린 유기적 삶은 다시 한 번 영예를 누리게 되고 경험된 실재의 개별적 사물들은 초자연적인 것, 초세속적인 정당화를 요구하지 않고도 예술의 주제가 되었다……. 자연의 모든 질서 속에 현재(顯在)하며 작용하시는 신은 출현 가능성이 완전히 배제되지는 않은, 보다 관대한 세계의 태도에 부응한다. 사물의 형이상학적 위계는 토지에 의해 이룩된 사회를 반영하지만 그 시대의 자유주의는 존재의 가장 낮은 단계조차 그 나름의 방법으로 필요 불가결하다는 개념 속에서 이미 제 목소리를 내고 있는 것이다.[5]

물론 본질적으로 신 중심인 아퀴나스의 세계에서 성례(聖禮)적인 요소를 탈피해서는 안 된다. 구체적 존재에 관한 그의 존재론은 언제나 신이 관여하는 형이상학의 견지에서 해석되어야 마땅하다. 그러나 동시에 그의 철학에서 자연주의와 인문주의가 동시에 성장하고 있었다는 것도 알아차려야 한다.

2.
이 모든 것에 비추어 볼 때 이제는 아퀴나스의 미에 대한 세 가지 규준, 즉 완전성, 비례, 명료성으로 돌아갈 수 있다. 이 세 가지 모두가 실체적인 형상보다는 구체적 실체의 특징으로 여겨질 때에만 완전한 의미를 획득한다고 주장하는 것이 합리적인 것 같다. 사실 〈비례〉라는 용어의 여러 가지 의미

---

5 Arnold Hauser, *The Social History of Art*, 2 vols.(London: 1951), I, p. 233.

들 속에서 이런 견해의 여러 예증을 찾아볼 수 있다.

비례의 유형 중 하나는 질료가 형상에 대해서 갖는 적절성, 즉 잠재성이 구성 원리에 대해서 갖는 적합성이다. 『이교도 논박 대전』에서 아퀴나스는 〈그러므로 형상과 질료는 언제나 서로 비례가 잘 맞아야 하고 자연스럽게 서로 적합해야 한다. 왜냐하면 적합한 작용은 그것의 적합한 질료에서 산출되기 때문이다〉[6]라고 쓴 바 있다. 그리고 『영혼론 De Anima』에 대한 주해에서는 비례가 실체적 형상의 한갓 속성이 아니라 바로 질료와 형상의 관계 그 자체 — 질료가 형상을 받아들이고 싶어 하지 않으면 형상은 사라질 정도의 관계 — 라는 점을 강조하고 있다.[7] 비례에 대한 이런 의미는 미적 경험에 특별한 관심을 표하는 것인데, 그 대상은 사물에서의 구조적 우미(優美)이다.

비례는 성격상 좀 더 형이상학적이면서 미적 경험의 영역을 벗어나는 또 다른 종류의 관계를 지칭하기도 한다. 이것은 본질과 존재 간의 관계로서, 비록 미적으로 경험될 수 있는 것이긴 하지만 사물에 구체성을 부여함으로써 미적 경험을 가능하게 만드는 비례이다. 다른 유형의 비례들은 이런 형이상학적 비례의 드러난 결과인데 우리의 미적 요구에 가장 직접적으로 부응하는 것이 이것들이다. 아퀴나스는 조각이나 멜로디에서 발견되는 일상적이고 감각적이며 양적 유형인 비례를 언급한다. 그는 〈감각은 그 자체로 즐거움을 주기 때문에…… 인간은 감각으로 즐거움을 경험한다……. 그래서 인간

---

6 *Summa Contra Gentiles*, II, 81.
7 *Comm. de Anima*, I, 9, 144.

은 음악을 즐긴다〉[8]고 말한다. 그는 또 중세인들이 찬탄해 마지않던 예지미를 언급하면서 도덕적 행위와 이성적 담론에서의 순수하게 예지적인 어울림의 의미에서 비례를 이야기하기도 한다. 〈정신적 미는 이성의 정신적 빛과 어울려 비례가 잘 맞는 대화와 행동 속에 존재한다.〉[9] 이 견해는 현대인들이 생각하는 것보다는 덜 고집스럽다. 요즈음에는 이성적 행위와 실천적 행위 그리고 수학적, 논리적 추론 속에 미적 특질이 있다는 관념으로 돌아가려는 움직임이 있다.

아퀴나스는 심리학적 유형의 비례, 즉 어떤 사물이 주관에 의해 경험되기에 적합한 정도도 언급한다. 아우구스티누스와 보이티우스로부터 나온 이 개념은 알려고 하는 주관과 알려지게 되는 대상 간의 관계와 관련이 있다. 인식된 현상의 객관적, 규칙 지배적 성격에 대해 성찰하면 그것들의 비례와 우리 자신의 동질성, 즉 우리 안에도 비례가 있다는 것을 발견하게 된다.[10]

그렇게 해서 비례는 객관적인 것, 무한수의 단계에서 실현되는 것, 마침내는 질서 잡힌 세계의 우주적 비례와 일치하는 것으로 인식된다. 시각적 비례에 관한 논의에서 아퀴나스는 우리가 앞에서 살펴본 우주론적 이론으로 되돌아간다. 우주적 질서에 관한 그의 서술에는 개인적인 활력과 독창성이 있다.[11]

8 S. T., II-II, 141, 4 ad 3.
9 S. T., II-II, 145, 2.
10 S. T., I, 5, 4 ad 1과 *Comm. de Anima*, III, 2, pp. 597~598 참조.
11 *Comm. Div. Nom.*, IV, IX, X, XI 참조.

아퀴나스의 미학에서 가장 중요한 동시에 중세 미학에서 불변하는 비례의 유형이 한 가지 더 있다. 그것은 한 사물이 그 자체 및 그것의 기능에 대해 갖는 적합성이라는 의미에서의 비례이다. 스콜라 철학자들은 이것을 〈제1의 완성 perfectio prima〉, 즉 사물이 그것의 종과 고유의 개별적 본성에 대해 갖는 적합성으로 보았다. 아퀴나스는 〈자연 속의 만물은 일정한 목적을 가지고 정해진 규칙의 크기와 성장을 하는 것이 분명하므로……〉[12]라고 쓰고 있다. 그래서 사람들은 본래 서로 키와 생김새가 다르지만, 차이가 일정한 한계를 벗어나면 더 이상의 참되고 적절한 인간적 본성은 없어지고 대신에 비정상만이 있을 뿐이다. 이런 종류의 완성은 또 다른 미의 규준인 완전성integritas과 관련이 있다. 완전성은 그것을 현재의 상태로 규정하는 데 기여하는 모든 부분들의 유기적 전체 속에서의 존재를 의미한다. 예를 들면, 인체는 사지 중 하나를 잃으면 기형이 된다. 〈우리는 수족이 절단된 사람을 추하다고 여긴다. 왜냐하면 그는 전체에 대한 부분의 비례를 결여하고 있기 때문이다.〉[13] 명백히 이것은 모든 의미에서 유기체 미학의 원리들이므로, 오늘날 예술적 형식의 현상학과 무관하지 않다. 그러나 제1의 완성에 대한 아퀴나스의 개념은, 그가 그것을 예술에 속하는 것으로 돌릴 때는 다소 제한된다. 그는 예술 작품이 만든 사람의 마음속에 있는 관념에 적합할 때 완성된다고 말하고 있다.[14]

12 *Comm. de Anima*, II, 8, 332.
13 *In IV Sent.*, 44, 3, 1.
14 *S. T.*, I, 16, 1.

제1의 완성이 어떤 사물에 나타난다는 것은 그 사물의 올바른 목적을 획득했음을 의미한다. 그것은 또 〈제2의 완성 *perfectio secunda*〉을 획득하게 되는데, 이것은 그 사물이 적절한 목적성과 일치하여 작용한다는 것을 뜻한다. 더 나아가 제2의 완성은 제1의 완성을 통제하는데, 그 이유는 어떤 사물이 실로 완벽하려면 구조가 기능과 일치해야 하기 때문이다. 〈목적은 다른 어떤 것보다 앞서 작용한다……. 왜냐하면 효과적인 행동이란 오직 그 목적을 통해서만 완성되기 때문이다.〉[15] 이런 이유로 해서 예술 작품(기술 작품 — 인간의 제작 일반)은 그것이 기능적일 때, 형식이 그것의 의도에 부합될 때 아름답다. 〈모든 장인들은 단순한 방식이 아닌 목적을 제시함으로써 가능한 한 최상의 작품을 만들려고 한다.〉[16] 한 예술가가 유리로 톱을 만들었다면 그 톱이 아무리 아름다운 외양을 가졌어도 추할 것이다. 왜냐하면 그 톱은 자르는 기능을 충족시켜 줄 수 없기 때문이다.

인체는 각 부분들이 적절하게 배분되어 구성되었기 때문에 아름답다. 〈그러므로 나는 신이 인체를 형식과 작용에 적합하도록 가능한 한 최선의 방식으로 배열했다고 주장한다.〉[17] 인간 유기체는 정신의 힘과 육체, 더 높은 힘과 더 낮은 힘 간의 관계들을 복합적으로 배열한 것이므로 모든 생김새들은 각자 정확한 이유를 가지고 자리잡고 있다. 촉각을 제외한 인간의 감각이 다른 동물들의 감각보다 덜 발달된 데는 기능

---

15 *De Principiis Naturae*, 11.
16 S. T., I, 91, 3.
17 S. T., I, 91, 3.

적인 이유들이 있다. 예를 들어, 인간의 후각이 취약한 것은, 냄새는 건조한 환경에서 많이 나는데 인간의 커다란 뇌가 습기 — 심장이 내는 열기에 대처하는 데 꼭 필요한 습기 — 를 만들어 내기 때문이다. 인간에게 깃털이나 뿔, 예리한 발톱 등이 없는 까닭은, 이런 것들이 동물들한테는 뭍에 사는 동물들의 우위를 보여 주는 것이지만, 인간은 다른 요소로 균형을 갖추고 있기 때문이다. 인간에게는 다른 모든 부족함을 메워 주는 양손 *organum organorum*이 있는 것이다. 마지막으로 인간은 직립한 자세 때문에 아름답다. 인간의 머리가 아래로 기울어져 있다면 뇌에 집중된 예민한 내적 힘들을 방해하게 될 것이다. 또 인간의 양손은 이동하는 데 사용할 필요가 없고 자기의 일만 하면 되므로 자유롭다. 마지막으로 인간이 음식물을 입으로 집어야 한다면 인간의 언어적 능력이 훼손될 것이다. 이런 모든 이유로 해서 인간은 직립하게 된 것이며, 〈하늘과 지상에 있는 모든 종류의 감지 가능한 지식들을 자유롭게 획득하기 위해〉[18] 가장 고귀한 감각인 시각을 사용할 수 있게 된 것이다. 인간은 지상과 지상의 아름다움을 마음대로 볼 수가 있다. 오직 인간만이 감지 가능한 대상들의 미를 그 자체로 향유할 수 있는 것이다 *solus homo delectatur in pulchritudine sensibilium secundum seipsam*.[19] 인체에 대한 이런 설명에서 인체의 미적 가치와 기능적 가치는 하나이자 동일한 것임이 분명하다. 당시의 과학적 원리들은 미의 원리이기도 했던 것이다.

18 S. T., I, 91, 3 ad 3.
19 앞의 책.

미에 대한 아퀴나스의 기능주의적 이론은 중세 미학의 전체적인 특징을 이루었던 한 정서를 체계적으로 설명해 주었다. 이것은 아름다운 것과 실용적인 것을 동일시하는 경향으로서 아름다운 것과 선한 것을 동등하게 보는 데서 유래되었다. 미와 용(用)의 일치는 그들이 그 둘을 이론적으로 구별하고자 했던 때에도 나타났던 것으로서 그들의 생활 체험 중 많은 부분에서 요구되었던 것 같다. 여기에서 다시 중세인들의 통합된 감수성을 말해야겠다. 사실 그들이 미와 기능을 잘 구별하지 못했던 점은 삶의 모든 분야에 미적 요소가 어떻게 스며들어 있었는지를 보여 준다. 그들은 선과 용을 미에 종속시켰던 것처럼 미를 선이나 용에 종속시킬 수는 없었다.

　현대에 와서 예술과 도덕성이 갈등을 일으키는 것은 현대인들이 미적인 것에 대한 현대적 개념을 도덕적인 것에 대한 고전적 개념과 화해시키려고 노력하기 때문이다. 통합에 대한 오늘날의 문제는(여기서 이 문제의 장점은 다루지 않겠다) 전통적인 관념들 중 어느 것이 우리의 역사적 상황에서 아직도 가치가 있는지, 어느 것이 그 의미를 상실했는지를 보여 주기 위해 전통적인 관념들을 개정하는 형식을 취한다. 중세인들에게는 어떤 사물이 인간과 인간의 초자연적인 운명에 집중된 목적들의 위계질서와 아무 상관이 없을 경우, 그것은 추한 것이었다. 왜냐하면 그것은 그 사물을 기능에 부적합하게 만든 어떤 구조적 불완전성을 갖고 있기 때문이었다. 중세인들이 그들의 윤리적 이상에 못 미치는 것에서 미적 즐거움을 경험하기가 어려웠던 것은 통합된 감수성의 한 유형이었다. 거꾸로, 미적 즐거움을 주는 것이라면 도덕적으로도 정당화되었다.

실제로 그들은 이 감수성을 완벽하고 균형 잡힌 방식으로 설명하지 않았다. 한편으로 건축물의 괴물상을 좋아하면서도 자신의 지나친 엄격함 때문에 그것을 거부했던 클레르보의 베르나르 같은 사람이 있었는가 하면, 또 골리아드[20]의 노래도 있었다. 그런가 하면 옛 망령자들을 좇아서 낙원에서 살기보다는 니콜레트Nicolette를 따라 저승으로 가고 싶어 한 오카생Aucassin도 있었다. 그러나 그 어느 쪽도 특별히 더 〈중세적〉이지는 않았다. 그들은 이상적인 것에서 출발했지만 제1의 완성 및 제2의 완성의 철학은 다양한 가치 구도 속에서 중세인들이 배양했던 일종의 최적 상태를 나타낸다. 아퀴나스의 이론은 너무나 순수해서 취미나 판단의 구체적인 행동들 속에서 분명한 대응물을 찾기가 어렵지만, 탈존재론적인 차원에서 한 문명과 그 관습의 근본적인 좌표를 나타낸다.

아퀴나스는 자신의 철학이 견고하다는 확신에서 예술에 일정한 자율성을 부여하기까지 했다. 〈장인이 훌륭한 것은 그의 의도 때문이 아니라 그가 생산해 낸 작품 때문이다.〉[21] 도덕적 의도는 여기서 제외되었다. 문제가 되는 것은 대상이 잘 만들어져야 한다는 것이며, 대상이 모든 면에서 긍정적이라면 잘 만들어진 것이다. 예술가가 뒤틀린 의도로 건축물을 지었다 하더라도 그것이 기능을 충족시킨다면 미적으로 완

---

20 *Goliard*. 12~13세기 영국, 프랑스, 독일에 많았던 방랑 학자 시인들을 가리킨다. 〈골리아드의 노래〉란 외설적이고 세속적이며, 교회와 교황을 풍자하고, 음주를 찬양하는 라틴어로 된 당시의 노래를 말한다 — 옮긴이주.
21 S. T., I-II, 57, 3.

벽하고, 선하지 못할 이유가 없는 것이다. 조각가가 세계 최상의 의도를 가지고서도 다른 사람의 도덕적 균형을 방해할 우려가 많은 음란한 작품을 창조할 수도 있다. 그런 경우에 군주는 그 작품을 국가에서 추방해야 마땅하다. 왜냐하면 국가는 여러 목적들의 유기적 완성에 기반을 두고 있고, 완성 *integritas*을 방해하는 것은 어떤 것도 참을 수 없기 때문이다.[22] 도덕성의 리듬이 미적 원리에 의해 지배되는 것이다.

3.

지금까지 살펴본 대로 이 모든 것은 〈미적 가치를 지닌 것은 모든 복합적인 관계들 속에 위치하는 구체적인 유기체〉라는 원리에 근거하고 있다. 결과적으로 아퀴나스에게 명료성, 혹은 광휘, 또는 빛의 개념은 신플라톤주의자들과는 그 의미가 사뭇 다르다. 신플라톤주의에서는 빛이 위에서 내려와서 세계 속에 창조적으로 스스로를 발산하며 사물들 속에 모여 응고된다고 한다. 그러나 아퀴나스는 명료성이 아래에서, 즉 사물들의 핵심부에서 생겨 나온다고 주장했다. 그것은 스스로를 드러내는 구성 형식인 것이다. 물리적 빛은 〈태양이라는 실체적 형상의 결과〉[23]이며, 찬미받은 몸의 명료성은 축복받은 영혼의 광휘로서 신체를 통해 흘러나온다. 그리고 그리스도의 변형된 몸의 명료성은 〈그의 영혼으로부터 흘러나온다.〉[24] 그래서 물체들의 색채와 광휘는 그 물체가 자연적 욕

22 S. T., II-II, 169, 2 ad 4 참조.
23 S. T., I, 67, 3.
24 S. T., III, 45, 2.

구에 따라 올바르게 구성될 때 생산되는 것이다.

그러나 존재론적인 차원에서 〈클라리타스claritas〉라 함은 유기체의 표현 능력을 가리킨다. 누군가 그랬듯이 그것은 사물의 형상이 지닌 방사성이다. 클라리타스는 오늘날 서정주의, 상징주의, 형식의 도상성 등과 마찬가지로 중세 시대 표현성의 한 원리이다. 충분하게 인식되고 파악된 유기체는 자신의 유기적 본질을 드러내며, 지성은 그것의 내용과 질서의 미를 향유할 수 있다. 이런 존재론적인 표현성은 그것이 지식의 대상이 되지 않을 때조차 존재하는 것은 아니다. 오히려 그것은 〈비지오〉가 거기에 초점을 맞출 때 형상인의 측면에서 대상을 보는 무관심적 관찰의 형식으로 현실화되어 나타난다. 그 대상은 존재론적으로 아름답다고 판단할 수 있는 소지가 있다. 그러나 자신과 대상 간의 비례를 의식하고 완성된 유기체의 모든 성질에 관해 알고 있는 관찰자가 스스로 이 완결성을 충분히 자유롭게 향유할 때까지는 판단이 이루어지지 않는다. 존재론적으로 클라리타스는 〈본질적으로〉 명료성이며, 〈우리가〉 그것을 특별하게 인지할 때 미적 명료성이 된다.

따라서 아퀴나스에게 미적 〈비지오〉는 하나의 판단 행위이다. 거기에는 적절한 배치와 구분의 행위, 전체와 관련하여 부분들을 측정하는 것, 질료가 어떻게 형상에 적합하게 되는가에 관한 연구, 목적들은 어떻게 적절히 충족되는가에 대한 인식 등이 수반된다.[25] 미적 지각은 즉각적인 직관이 아니라

---

25 S. T., I, 85, 5 참조.

대상과의 〈대화〉이다. 판단 행위의 역동성은 판단의 대상이 되는 조직된 존재 행위의 역동성에 상응한다. 이 점에 관하여 아퀴나스는 〈선한 것, 평화, 아름다운 것을 갈망한다고 말하는 것은 서로 다른 사물들을 갈망한다는 말이다〉[26]라고 썼다. 그가 말하는 평화란 질서 잡힌 평정 상태 *tranquillitas ordinis*를 의미한다. 광범위한 이해 행위의 수고 끝에 지성은 분명하게 모습을 드러내는 하나의 질서와 통합을 보고 기뻐하게 된다. 한갓 즐거움 이상으로 평화, 즉 〈무질서와 선한 것에 대한 장애물을 제거하게 되는 평화〉[27]가 있다. 지각을 경험한 즐거움은 자유로운 즐거움, 욕망으로부터 해방되고, 그것이 지향하는 완성이 가까워지는 것에 만족하는 명상의 즐거움이다. 미는 노력하지 않고 직관으로 얻어지는 것이 아니라 노력을 통해 얻어지는 것이기 때문에 보일 때 즐거움을 주는 것이며, 그 노력이 성공적일 때 미는 향유되는 것이다. 우리는 그 노정에서, 장애물을 극복하여 욕망을 정지시키는 지식에서 즐거움을 얻는다.

아퀴나스의 철학 중 이 부분은 중세 지성주의의 정점을 나타낸다. 미적 직관을 다룬 현대의 이론들로부터 더 나아간 것은 분명히 없다. 그러나 미적 경험에 관한 그의 기본 개념은 생생하고 차별적이며 비판적인 데가 있어서 오늘날에도 여전히 가치를 지닌다.

---

26 *De Veritate*, 22, 1 ad 12.
27 위의 책.

8 ─ 유기체 미학의 발전과 쇠퇴

1.

아퀴나스는 플라톤적이지 않은 미의 형이상학을 창안하는 일이 가능하다는 것을 보여 주었다. 그의 미학은 일종의 인문주의에 좀 더 근접한 것이었다. 13세기에는 다른 질료형상론적 미학들도 있었지만 아퀴나스의 자연주의적 활기를 따라간 것은 없었다.

1248년과 1252년 사이의 어느 때 대알베르투스가 쾰른에서 『신명론』 4장의 주해에 대한 대학 강의를 한 적이 있었다. 아퀴나스는 당시 학생들 중 한 사람이었고 스트라스부르크의 울리히도 마찬가지였다. 울리히의 『최고선 대전 *Summa de Summo Bono*』은 아퀴나스의 『신학 대전』과 같은 시기에 쓰였다. 거기에는 형상, 빛, 비례의 개념에 기초한 미학 이론이 담겨 있었다. 사실 비례에 대한 그의 분석은 (이어 맞추어야 하는) 아퀴나스의 것보다 훨씬 더 정확하고 구체적이며 미학적 문제들과 좀 더 개방적으로 연관되어 있었다. 그러나 그의 형상 개념은 아퀴나스적 〈실체〉의 구체적 특질들을 결여한 채 상당히 신플라톤적이었다. 울리히에게 미란 대알베르투스적 의미의 형상의 광휘*splendor formae*였다. 그러나 문제가 되는 〈형상〉은 신플라톤적인 〈빛〉에 더 가까웠고 가시적 세계에 대한 그의 개념에는 『원인론*Liber de Causis*』[1]의 영향이 엿보인다.

> 모든 형상은 그 본질 깊숙이에서 작용하고 있는 일자(一者)의 빛의 예지가 낳은 결과이다. 그러므로 모든 형상은 반드시 유사성에 의해서 그 원인의 빛에 참여하게 된다.[2]

미는 신의 빛의 영향하에서 질료 속에 형상이 가득 차는 것이다. 그러나 질료는 결국 형상에는 방해가 되는 것으로, 형상이 완전한 광휘 속에서 빛날 수 없게 한다. 〈질료의 방해로 빛을 적게 소유할수록 형상은 더 추하며, 형상이 질료 위로 고양되어 빛을 더 많이 소유할수록 형상은 아름답게 된다.〉[3] 울리히와 아퀴나스를 구별 짓는 사상의 차이를 굳이 강조할 필요는 없다고 본다.

보나벤투라 역시 질료형상론적의 원리에 입각한 미학을 개진했다. 그러나 우리가 이미 살펴본 대로 그는 자신의 미학을 빛의 형이상학이라는, 보다 광범위한 맥락 속에서 전개

---

[1] 오랫동안 아리스토텔레스의 저술로 알려져 왔으나 지금은 프로클루스의 『신학의 교육 원리*Institutio Theologica*』와 동일시되고 있다.

[2] Ulrich of Strasbourg, *Summa de Summo Bono*, II, 3, 5. LB에서 인용함.

[3] 위의 책.

했다. 그뿐만 아니라 그는 아우구스티누스의 『음악론*De Musica*』에 영향을 받아 비례의 미학을 낳았다. 이 미학은 독창성 때문이 아니라, 균일성*aequalitas*의 법칙을 예술가 자신의 영혼 깊숙이에서 발견할 수 있다는 것을 보나벤투라가 천명한 까닭에 유명하다. 보나벤투라와 프란체스코 학파는 유기체의 본질보다는 예술적 영감의 본질에 가치 있는 통찰력을 제공해 주었다.

라몬 룰Ramon Llull은 아퀴나스의 견해와 다소 유사한 견해를 피력했다. 예를 들어 그는 『대(大)예술*Ars Magna*』에서 크기*magnitudo*의 미가 완전성의 원리에 입각하고 있다고 주장하고, 어린아이의 경우처럼 좀 더 작은 비례에도 같은 원리가 적용된다고 했던 것이다. 그러나 룰의 생각은 이미 다른 방향으로 움직이고 있었다. 그 역시 세계를 유기적인 것으로 간주하기는 했지만, 그의 형이상학은 『티마이오스』의 신비한 우주론이나 아퀴나스의 이성적이고 자연주의적인 세계와는 상관이 없었다. 오히려 마술이나 신비 철학적인 요소를 포함하고 있던 그의 사상은 르네상스의 플라톤주의를 기대하는 것이었다.

가장 높은 곳에서부터 가장 낮은 데에 이르기까지 일치*concordance*의 연쇄가 이어져 있다. 모든 사물들 간에는 만물이 공유하는 일종의 보편적인 감정이 있기 때문이다. 그것은 호메로스 같은 수많은 사람들이 황금의 연쇄 혹은 비너스의 띠, 자연의 연쇄 또는 사물들이 서로서로에 대해 가지고 있는 표시라고 부르는 하나의 연결 고리이다.[4]

2.

 만약 아퀴나스 이론의 발전 — 단순한 반복이 아닌 진정한 발전 — 과정을 찾고 있다면 마땅히 둔스 스코투스에게로 돌아가야 한다. 그의 미학은 몇몇 흥미 있는 예외를 제외하고는 자신의 형이상학 및 인식론과 뒤섞여 있으므로 그의 저술 중 많은 부분들을 살펴보아야 한다.

 미에 대한 스코투스의 정의는 작지만 중요한 부분에서 지금까지 우리가 보아 왔던 것들과는 다르다. 〈미는 아름다운 대상 속에 있는 절대적인 특질이 아니다. 오히려 그러한 대상들의 모든 성질들의 총집합체*aggregatio*이다 — 예를 들면 크기, 형태, 색채 그리고 그런 성질들 간의 연관 관계, 성질들과 대상 간의 연관 관계의 집합이다.〉[5] 이 이론에서 미는 관계에 기초하고 있다. 그리고 총집합체라는 개념은 형상의 다수성이라고 하는 스코투스의 이론에서 어떤 특별한 의미를 획득하고 있다. 스코투스에게 합성 대상은 현실화된 것이다. 왜냐하면 각 부분들이 현실화되었기 때문이다. 합성 대상의 단일성은 형상의 단일성이 아닌 궁극적 형상에 부분적인 형상들을 자연스럽게 종속시킴으로써 이루어진다. 〈그러므로 여러 요소가 합성된 전체에는 그것의 모든 부분들이 포함되며 많은 부분들이나 형상들의 부분적 존재도 포함되어 있다. 그래서 한 사물의 총체적 존재에는 많은 형상들의 부분적 현실화가 포함되어 있다.〉[6] 아퀴나스에게는 수많은 형

---

 4 M. Menéndez Y Pelayo, *Historia de las ideas estéticas en España*, I, chap. 4에서 인용함.
 5 *Opus Oxoniense*, I, 17, 3, 13.

상들이 하나의 〈혼합된〉 물체, 예를 들면 인체 같은 것을 만들어 내기 위해 모이면 고유의 실체적 형상은 상실하게 된다. 그 물체는 합성체인 새로운 실체적 형상으로 만들어지는 것이다. 인체에서는 이것이 영혼이다. 구성 물질들은 새로운 합성체의 성질인 일정한 장점, 혹은 특질들의 형태 속에서만 예전의 자율성을 보유하게 된다. 실체적 형상의 통일성을 주장하면서 아퀴나스는 무엇보다도 유기체는 단일한 것이라는 견해를 가지게 되었다. 그러나 형상의 다중성에 관한 스코투스의 이론은 그의 미학이 관계에 편향되어 있음을 의미한다. 그로 말미암아 그는 미에 대해 좀 더 분석적이면서 덜 일원적인 개념을 가지게 되었다.

미학과 연관되어 사용된 것은 아니지만, 스코투스의 또 다른 독창적인 요소는 〈이것임*haecceitas*〉의 이론이다. 〈이것임〉은 개별화하는 속성이다. 그것의 기능은 형식의 완성이 아니라 하나의 합성체에다 구체적인 개체성을 부여하는 것이다. 아퀴나스의 시각으로 한 유기체를 인식하는 것은 그 유기체를 본질*quidditas*의 예증으로 인식하는 것, 즉 어떤 유형을 가진 것, 하나의 범주를 예증하는 것으로 인식하는 것이다. 반면 스코투스에게 개별적 대상이란 그냥 그 자체이다. 개별화의 원리는 사물과 결합되지 않으며, 논리적으로 사물과 구별되지도 않는다. 그것은 사물의 구체성 속에서 그 사물을 완결하는 원리이다. 〈궁극적인 차이는 단순히 다른 모든 사물들과 다르다는 점이다.〉[7] 스코투스의 이론에서는

---

6 *Opus Oxoniense*, IV, 11, 3, 46.

아퀴나스의 이론에서보다 한층 더 개별적인 것이 본질을 능가한다. 개별적인 것은 그것이 현 존재를 가지고 있다는 이유뿐만 아니라 특수화되고 독특하게 결정되었다는 이유에서 더 완벽한 실재인 것이다. 공통의 본질*natura communis*을 결여하고 있는 개체의 성질*ratio individui*에는 무언가가 포함되어 있다. 〈거기에는 적극적으로 무엇인가가 되려는 것*entitas positiva*이 포함되어 있다. 이것이 개별적인 것을 자연과 하나로 만든다. 그러므로 자연은 독자적인 것이 되도록 미리 예정되어 있다.〉[8]

〈이것임〉의 개념, 즉 절대적 특수성, 독특하게 개별적인 것의 개념은 현대적 감수성에 대해 아주 활발한 생명력을 가지고 있다. 스코투스는 이 개념을 미학적 논의의 맥락에서 사용하지 않았지만, 이 개념은 그의 문화적 환경 — 여러 가치들에 대해 재고하게 되는 환경, 후기 고딕과 신원시 교회파 *New Primitives*에서 가장 분명하게 표현된 문화 — 에 대한 철학적 감응성을 명백하게 나타내고 있다.

초기 고딕은 — 샤르트르 성당과 아미앵 성당에서 볼 수 있다 — 대상들 속에서 빛을 발하는 형상을 식별하고 다양성에 단일성을 부과하고자 하는 감수성을 표현했다. 그러나 13세기의 고딕은 조화보다는 개별적인 특수성에 더 관심을 가졌는데, 그런 시각이 더 분석적이었다. 다양성에 마음을 빼앗겼던 것이다. 이런 시각은 중세 후기에 프랑스와 플랑드르 지방의 세밀화가 및 일반 화가들에게서 가장 극단적인 표

---

7 *Opus Oxoniense*, II, 3, 6, 13.
8 *Opus Oxoniense*, II, 3, 6, 2.

현으로 드러난다. 이것을 관계의 형상, 다른 자율적인 형상들로 만들어진 형상이라는 스코투스적 개념의 실현으로 해석하는 것이 그다지 황당한 것은 아니다. 유형에 대한 감수성은 개별적인 것에 대한 감수성으로 점차 대치되어 가고 있었다. 그들은 인간의 종과 범주들의 관례적인 이미지 산출을 목표로 하는 조각 양식들을 포기하고, 사물을 독특하고 반복될 수 없는 특질을 가진 개별적인 것으로서 취급하기 시작했던 것이다. 우리는 이런 변화에 기여한 사회, 문화적 요인들을 일부 알고 있지만, 더 놀라운 것은 학파들 간의 빈곤한 논쟁들 속에서 일어났던 형이상학이 실은 당시의 문화적 기류에 대한 반응이었다는 점이다. 그것이 이 문화에 영향을 주었든 아니든 간에 그 둘 사이에는 확실히 많은 관계가 있었다.

〈이것임〉의 이론은 스코투스와 그의 동시대인들이 추종할 수 없는 방향을 가리키고 있었다. 〈이것임〉은 마땅히 추상적 지성이 아닌 직관으로 파악되어야 한다. 지성은 그것을 혼란스럽게만 보기 때문에 보편적인 개념들에 의지해야 한다.[9] 그래서 개별성, 다른 형식으로 바꿀 수 없는 성질, 독창성 등의 개념들은 직관적 인지의 개념과 결합된다. 이런 개념들의 미학적 관련을 강조할 필요는 없다. 미학사 자체가 그런 일은 하지 않는다. 그러나 그런 개념들이 나타남으로써 생겨난 한 가지 결론을 언급해야 한다. 미에 대한 유기적 개념이 스콜라 철학의 체계에서 사용되는 용어가 아닌 경우에는 더 이상 살아남을 수 없다는 것이다. 지각이 분석적이라고 하는 이론과

---

9 *Opus Oxoniense*, IV, 45, 3, 17 and 21.

직관으로 파악된 질적인 개별성에 대한 감각, 이 양극 사이에서 아퀴나스의 유기체 미학은 나락으로 떨어졌다.

오컴William of Ockham이 전통적인 개념들을 대략 참조하긴 했지만 아퀴나스의 이론은 오컴의 사상에도 낯선 것이었다. 오컴에 의하면 창조된 사물들은 절대적으로 임시적인 것이며 신의 마음속에는 영원한 관념에 의해 지배되는 사물의 통제란 없다. 사물들이 순응하거나 우리의 정신 상태를 지배하거나 장인craftsman을 자극할지도 모르는 안정된 우주적 질서는 없다는 것이다. 세계의 질서와 통일성은 물체들을 함께 묶어 주는 사슬 같은 것이 아니라고 한다*quasi quoddam ligamen ligans corpora*. 물체들은 절대적이고 수적으로 명확하며*quae non faciunt unam rem numero* 서로 임시적인 방식으로 분리되어 있다. 질서의 개념은 그것들의 본질 속에 함유된 어떤 실재를 가리키는 것이 아니라 서로에 관계된 자신들의 위치를 나타내는 말이다.[10] 사물을 이끌지만 구성 부분들과는 구별되는 이성적인 원리로서, 사물을 조직하는 형상에 대한 개념은 사라졌다. 각 부분들은 일정한 방식으로 배치되어 있으므로 〈그 절대적인 부분들 이외에 다른 대상은 없다.〉[11] 오컴이 전체에 대한 부분들의 비례에 대해 말하기는 했지만 비례의 개념은 무력화되었다.[12] 완전성*integritas*의 개념에 필수적인 보편의 실재성은 유명론에 의해 분해되었다. 미의 초월적 지위와 미를 상술하는 구별들

---

10 William of Ockham, *Quodlibeta*, VII, 13.
11 *In I Sent.*, XXX, 1.
12 *In I Sent.*, XXV, 5.

에 관한 문제는, 형식적이건 실제적이건 간에 그러한 구별이 없는 체계 내에서는 거의 나올 수가 없다. 남은 문제는 특수에 대한 직관, 눈에 보이는 비례가 경험적으로 분석되는 현존 대상들에 관한 지식이다. 사실 오컴은 특수에 대한 지적인 직관이 가능하다고 주장했다.[13] 예술적 영감에 있어서는 이것이 보편적인 형상에 대한 관념이 아니라 예술가가 구성하고자 하는 개별적인 대상들의 관념 속에 존재한다. 오컴의 이론들은 다른 사람들이 계속해서 전개할 수 있을 만한 가능성들로 가득 차 있다. 그러나 그는 스콜라 철학의 용어로 된 미의 정의에 필수적인 모든 원리들을 제거한 스콜라 철학자였다.

니콜라 도트르쿠르Nicholas d'Autrecour는 인과율과 실체, 궁극성의 개념들에 대한 비판을 통해서 이런 사상들을 한층 더 전개했다. 그는 결과에서 원인을 알 수는 없으며, 하나의 사물은 다른 사물의 목적이 될 수 없고, 존재에 위계의 정도란 없으며, 한 가지 사물은 다른 사물보다 더 완벽할 수 없고 다만 서로 다를 뿐이며, 우리가 존재를 위계질서 속에 배열시킬 때의 판단은 그저 개인적인 선호도의 표현에 불과한 것이라고 주장했다. 그러한 전제들을 인정한다면, 유기적 구조, 사물들이 서로 조화롭게 의지하고 있는 상태, 목적에의 적합성, 비례의 질서 등에 관해서 더 이상 말할 수 없다. 제1의 완성과 제2의 완성 간의 인과 관계나, 어느 하나가 다른 것을 완성시킨다는 개념을 성립시킬 수가 없는 것이다.[14]

13 *In Lib. Sent.*, Prologue, 1.
14 Hastings Rashdall, "Nicholas de Ultricuria, a Medieval Hume", *Proc. Aristotelian Soc.*, VII(1907), pp. 1~27 참조.

이 모든 사상가들이 과학과 철학을 위한 새로운 길을 열었다. 그러나 그들은 동시에 중세 시대가 이런저런 식으로 의지했던 개념들과는 사뭇 다른 새로운 미학 개념들을 찾아 나서지 않으면 안 되게끔 했다. 구체적인 개별의 세계에서 미는 적절한 표현이나 천재가 만들어 놓은 이미지의 독특함 속에서 구해져야 하는 것이었다. 르네상스 미학은 다시 플라톤적으로 되었지만, 오컴주의자들의 철학적 비판은 매너리즘 미학의 전주곡이었다. 그들이 외견상 형이상학적 미를 불가능하게 만들었다면, 형이상학적 미가 미학 이론에 대해 빚어낸 결과를 따라가는 데도 역시 실패했다. 인간이 사물들 속에서 어떤 질서를 더 이상 보지 못한다면, 인간의 세계가 더 이상 고정되고 규정된 의미와 관계, 종(種) 그리고 유(類)들로 망라되지 못한다면, 그 어떠한 것도 가능하다. 인간은 자신이 자유로우므로 정의상으로는 창조자이기도 하다는 사실을 알게 된다.[15] 철학자들은 스스로 재생의 산고 속에서 사회적 질서의 정치적 싸움 속에 빠진 채 스콜라 철학을 쇠퇴시키는 논쟁에 몰두해 있었다. 미학적 물음들, 즉 창조성과 예술가의 본질에 관한 물음들은 다른 이들에게 맡겨져 있었다.

3.

후기 스콜라 철학은 미의 형이상학에 대파괴를 감행했다. 당시 다른 철학적, 종교적 세력이었던 신비주의자들은 재집결하거나 앞으로 더 나아갈 수가 없었다. 14~15세기 독일과

---

15 Eugenio Garin, *Medioevo e Rinascimento*, 2nd edition(Bari: 1961), p. 38 참조.

프랑스의 신비주의자들은 시적 창조에 대해 적어도 유추해서 말할 수 있는 유용한 것들을 가지고 있었는데, 그것에 대해 앞으로 살펴보려고 한다. 그들은 자신들이 황홀경 중에 경험했던 미에 대해서 말하곤 했지만 단정적으로 말할 수 있는 것은 없었다. 신은 말로 나타낼 수 없는 존재였으므로 신을 아름답다고 칭하는 것은 신을 선하다거나 혹은 무한하다고 하는 것과 같은 것이었다. 미는 서술할 수 없는 존재를 서술하는 데 사용되는 단어였다. 그들은 가장 격렬하면서도 특징이나 성격이 없는 기쁨의 향유라는 감정을 경험으로 갖게 되었다. 그들은 사랑으로 충만된 지성이 세속의 미에 대한 관조에서 시작하여 신에게로 높이 올라가는 유의 경험 속에서도 큰 즐거움을 얻었다. 이것이 12세기의 주요 주제들 중 하나였으며 결실 많고 강력한 빅토르파 미학으로의 길을 열어 주었다. 그러나 만약 신이 불이나 심연, 탐욕스러운 식욕 앞에 놓인 음식 같은 것으로 보인다면, 누군들 어떻게 우주의 미이자 신성한 속성들의 조화인 질서 잡힌 평정 상태 *tranquillitas ordinis*를 관조할 수가 있겠는가? 뤼스브루크 Ruysbroeck는 〈만약 신이 그 자신 이외의 모든 것을 영혼에게 줄 수 있다 해도, 영혼의 정신적인 욕망은 채워질 수 없을 것이다〉[16]라고 말했다. 이전 세기들의 특징이었던 지성의 자유로운 기쁨으로부터 어떤 것도 더 나아갈 수는 없었던 것이다.

디오니시우스 카르투시아누스는 자신이 〈무한한 빛의 영

---

16 Jan Ruysbroeck, *L'Admirable*, translated by Ernest Hello(Paris: 1902), p. 39.

역〉, 〈말로 다 할 수 없는 평정〉에 도취되어 있다고 말한다. 그 상태는 〈불가해한 신〉이 〈진실로 신성한 가슴이······ 길을 잃지 않고 떠돌아다니며 행운에 굴복하여 치유될 수 있는 완벽하게 평평하고 거대한 사막과 같다〉[17]고 한다. 주조Suso는 기쁨을 주는 모든 사물들의 바닥없는 심연에 관해서 쓴 바 있다. 에크하르트Eckhart도 심연에 대해 말했는데, 거기에는 신성에 대한 감각이나 형식이 없으며 영혼은 홀로 고요하다고 했다. 그는 주장하기를 영혼은 신의 비밀에 의지함으로써 지복(至福)에 이르게 된다고 하며, 그 상태에서는 행위나 상상도 없다고 한다. 타울러Tauler도 심연에 관해 말하는데, 심연에서는 영혼이 신, 구별, 동일성 그리고 모든 것을 의식하면서 길을 잃고 심지어 자기의식조차 잃게 된다고 한다. 신과 합일되면 모든 구별은 사라진다. 거기에는 행위나 상상, 구별이나 관계, 혹은 지식도 없는 것이다. 중세 최후의 신비주의자는 미에 관해서 아무런 말도 하지 않았다.

이때가 13세기와 르네상스 사이에서 미학 이론들이 전이되어 가던 시기였다. 이 시기에 미적 감정과 이론의 역사를 더한 것은 단테에서 음유 시인들에 이르기까지 자신들의 능력에 대해 감을 잡고 새롭고도 자랑스러운 개별성을 보여 준 예술가들이었다.

---

17 Dionysius Cartusianus, *Opera Omnia*(Tournai: 1896~1913), I, p. 44.

9   예술 이론들

1.

중세 미학을 설명할 때 가장 알려져 있지 않은 부분이 예술 이론에 관한 부분이다. 중세의 예술 개념은 인간의 〈제작 행위〉에 관한 고전적이고 주지주의적 이론에 근거하고 있으며 실제로 어느 정도는 동일하다. 물론 좀 더 자세히 분석해 보면 성격상의 변이들이 많이 있긴 하지만 말이다. 〈예술이란 제작의 성찰 이성이다 *ars est recta ratio factibilium*.〉[1] 혹은 〈예술은 제작의 원리이자 제작된 것을 인지하는 원리이다 *ars est principium faciendi et cogitandi quae sunt facienda*.〉[2] 이런 정의들에 명확한 기원은 전혀 없다. 중세인들은 그저 여러 가지 방식으로 그런 정의를 되풀이하고 재정립했을 뿐이다. 카롤링거 왕조 시대에서 둔스 스코투스에 이르기까지 그들은 자신들의 예술 개념을 아리스토텔레스와 그

---

1 S. T., I-II, 57, 4.
2 Alexander Hales, *Summa Theologica*, II, 12.

리스 전체의 전통, 즉 키케로, 스토아학파, 마리우스 빅토리누스Marius Victorinus, 이시도루스Isidorus, 카시오도루스Cassiodorus에게서 예술 개념을 가져왔다.

위의 정의들은 두 가지 기본 요소를 가리키고 있다. 즉 지식(*ratio, cogitatio*)과 제작(*faciendi, factibilium*)이다. 예술 이론은 이 두 가지를 토대로 하고 있었다. 예술은 사물을 제작하는 규칙들에 대한 지식이었다. 규칙들은 객관적으로 주어져 있었고, 모든 중세인들은 이에 동의했다. 언제나처럼 어원 설명에 있어 자유로운 카시오도루스는 예술이 한계를 정하기*arctat* 때문에 예술*ars*이라 칭해진다고 말했고,[3] 솔즈베리의 존은 몇 세기 후에 이 어원 설명을 되풀이했다.[4] 그러나 예술은 카시오도루스와 이시도루스 둘 다 그랬듯이 그리스어 아레테스*aretēs*와도 관련이 있었다.[5] 그것은 무언가를 제작하는 힘, 즉 능력이고 그러므로 제작 능력, 즉 작용 능력 *virtus operativa*이었다. 예술은 행위의 영역이 아닌 제작의 영역에 속했다. 행위는 도덕성과 관계가 있으며 사리 분별 *Prudence*이라고 하는 통제적인 미덕에 속하는 것이었다. 신학자들에 의하면 예술과 사리 분별 간에는 유추적인 관계가 있다. 사리 분별은 선을 추구하고 선을 구하기 위해 노력하는 우연적 상황에서의 실천적인 판단을 지배하는 반면, 예술

---

[3] Cassiodorus, *De Artibus et Disciplinis Liberalium Litterarum*, Preface(PL, 70, col. 1151).

[4] John of Salisbury, *Metalogicon*, translated by Daniel D. McGarry(Berkeley and Los Angeles: 1962), I, 12.

[5] Isidore of Seville, *Etymologiae*, edited by W. M. Lindsay(Oxford, 1911), I, 1.

은 최종 산물을 얻는 것이 목적인 작용들, 즉 조각과 같은 물리적 소재를 가지고 하는 작용이나 논리학과 수사학처럼 정신적 소재에 입각한 작용들을 통제하는 것이다. 예술은 작업상의 선bonum operis을 산출하는 것을 목표로 삼는다. 장인들에게 중요한 것은 좋은 칼을 만들어야 한다는 것이다. 그 칼이 선한 목적에 쓰일지 나쁜 목적에 쓰일지는 그의 관심사가 아니다.[6] 그러므로 중세의 예술 이론이 가진 두 가지 주요 특징은 주지주의와 객관주의다. 즉 예술은 고유의 법칙을 따라 대상을 구성하는 학문이다 *ars sine scientia nihil est*. 예술은 표현이 아니라 구성이며 일정한 결과를 목표로 하는 작용인 것이다.

배나 건물에 관한 것이든, 그림이나 망치에 관한 것이든 그것은 구성을 의미하는 것이었다. 〈제작자 혹은 예술가 *artifex*〉라는 단어는 대장장이, 웅변가, 시인, 화가, 양털 깎는 사람 모두에게 적용되었다. 이것이 중세의 예술 이론에 관해 잘 알려진 또 하나의 특징인데, 예술이 오늘날 우리가 기술과 기능직으로 여기는 것에도 적용되는 넓은 개념이었다는 점이다. 사실 중세의 예술 이론은 우선적으로 장인의 이론이었다. 작인(作人)은 자연을 완성하거나 통합하거나 연장시키는 무언가를 구성하는 사람이었다. 인간은 소유한 것이 거의 없기 때문에 예술가가 되었다. 말하자면 인간은 날카로운 이빨이나 발톱, 껍질이나 천연의 갑옷도 없이 벌거벗은 채 태어났고 빨리 달릴 수도 없다. 그러나 인간은 자연의

---

[6] S. T., I-II, 57, 3.

작품들을 관찰하고 모방할 수는 있다. 인간은 물이 언덕의 가장자리 아래로 떨어지는 것을 보고 집에 지붕을 만들어 씌웠던 것이다.[7] 〈모든 작품은 창조주의 작품이거나 위대한 자연의 작품, 아니면 자연을 모방한 예술가의 작품이다.〉[8]

그러나 예술이 자연을 모방하는 것이라 해도 그것이 자연적 대상을 자주성 없이 모사한다는 뜻은 아니다. 거기에는 고안한다는 의미가 있고 재주를 필요로 했다. 예술은 분리된 것을 한데 모으고 함께 모여 있는 것을 분리시킨다. 예술은 자연의 작용을 연장시킨다. 또한 예술은 자연이 생산적인 것과 꼭 같이 생산적이며, 자연의 창조적인 작업을 계속하는 것이다. 예술이 자연을 모방한다 *Ars imitatur naturam*는 말은 진실이다. 그러나 엄밀히 말하면 〈자연의 작용 방식대로 *in sua operatione*〉 모방하는 것이다.[9] 위의 두 번째 구절은 흔히 실제보다 더 진부한 것으로 여겨지곤 하는 말 속에서 중요한 요소가 된다. 중세의 예술 이론은 인간의 기술이 지닌 형성의 에너지에 관한 이론이며, 또한 이것과 자연의 형성적 에너지 간의 관계에 관한 이론이다.

이 관계에 대해 가장 보람 있는 분석들 중 하나가 솔즈베리의 존의 『메탈로기콘』 속에 나온다. 여기에서 그는 예술이 자연 속에 내재된 가능성을 실현할 수 있는 능력을 인간에게 주며 인간은 그 능력을 증진시켜 자연 자체보다 더 나은 사

---

7 Hugues de St. Victor, *Didascalicon*, I, 9.

8 Guillaume de Conches, *Comm. in Timaeum*. ET, II, p. 266에서 인용함.

9 S. T., I, 117, 1.

물을 산출하게 된다고 주장한다.

    그것(예술)은 낭비적이고 우회적인 자연의 방법 대신에 간명하고 직접적인 방법을 쓴다. 더 나아가서는 어려운 것을 성취하는 능력을 생기게도 한다. 그래서 그리스인들도 그것을 메토돈methodon이라 불렀는데, 이것은 자연의 낭비성을 피하고 우회적인 방랑을 올바르게 해서 우리가 해야 할 일을 보다 올바르고 쉽게 성취할 수 있게 하는 효율적인 방법을 말한다. 자연이 아무리 원기 왕성하다 해도 단련되지 못한다면 예술의 능력을 따라갈 수가 없다. 동시에 자연은 모든 예술의 어머니로서 예술의 증진과 완성을 위한 동기를 부여하는 것이다.[10]

    자연은 정신의 재능을 자극해서vis quaedam animo naturaliter insita, per se valens[11] 대상을 지각하고 기억하며, 검증하고 체계화하도록 돕는다. 예술과 자연은 이 연속적인 성장 과정에서 서로 자극을 주고받는다. 솔즈베리의 존이 〈재능ingenium〉란 용어를 사용했을 때 거기에 매너리스트들이 썼던 그런 의미는 없었다. 그가 의미했던 것은 작용하는 능력virtus operandi에 지나지 않았다. 그러나 그가 〈자연〉이란 용어를 사용했을 때의 의미는 12세기의 문화적 기류에 속한 것이었다. 자연은 살아 있는 유기적인 것이며, 신의 대리인, 형식들의 능동적인 모체를 뜻했다.

---

10 John of Salisbury, *Metalogicon*, I, 11.
11 위의 책.

2.

13세기에는 자연의 에너지와 밀접하게 관련된 이런 예술 개념이 축소되었다. 예술의 여러 가능성을 제한하는 예술 형상의 존재론이 전개되어 중세의 정통적인 예술 개념은 괴테의 창조 행위*Schöpfertung*와는 매우 다른 것이었다. 아퀴나스에게는 자연과 예술의 유기체 사이에 심오한 존재론적인 차이가 있었다. 예술가가 질료 속으로 도입한 형상은 실체적 형상이라기보다는 우연적인 것이었다. 예술가가 사용할 수 있는 질료는 순수한 잠재태, 그것으로부터 무언가를 만들어 내는*ex qua* 질료가 아니라 이미 실체이고, 이미 행동이다. 그것은 대리석, 청동, 진흙, 혹은 유리 등과 같이 그 속에 들어와 있는*in qua* 질료이다. 그것은 다양한 우연적 형상들을 나타내는데, 그 형상들은 질료를 이미지들로 만들지만 질료의 실체적 본성을 건드리지 못한다.[12] 아퀴나스는〈예술은 자연이 만든 재료를 가지고 일한다〉고 쓴 바 있다.[13] 그는 동상을 만드는 데 사용하는 구리 덩어리를 예로 들었다. 구리는 만들어질 동상에 대해서 한갓 잠재태만을 갖고 있을 뿐이다. 그것은 무형화, 형상의 박탈*infiguratum, privatio formae*이다. 그러나 예술적 형식은 그것을 그저 피상적으로 변형시킨다. 왜냐하면 그것이 구리인 것은 우연적 형식에 달려 있지 않기 때문이다.

이런 주장은 중세인들이 창조적 힘으로서의 예술 개념과

---

12 이에 관한 논의는 아퀴나스의『자연의 원리*De Principiis Naturae*』에 충분히 상술되어 있다.

13 *Comm. de Anima*, II, 1, 218.

얼마나 멀리 떨어져 있었는지를 보여 준다. 예술은 기껏해야 재료의 아름다운 이미지, 배열 등 피상적인 것들을 만들어 낼 수 있을 뿐인 것이다. 그러나 예술은 자연의 우위성 앞에서 일종의 존재론적인 겸손을 보존하고 있어야만 한다. 예술이 생산한 대상들은 새로운 질서를 도입하지는 못하고 그 실체가 가진 한계 내에 머무른다. 그것은 단지 〈측량에 의한 이미지들의 변형〉[14]에 지나지 않는다. 그것은 자신들을 지탱해 주는 재료에 의해 존재하지만, 자연물들은 신적 참여에 의해 존재하는 것이다.[15]

보나벤투라에게도 〈영혼은 새로운 구성을 만들어 낼 수는 있지만 새로운 사물을 만들어 낼 수는 없는 존재이다.〉[16] 그는 이 세계에 작용하는 힘에는 세 가지가 있다고 말했다. 즉 무에서 창조하는 신과 잠재적 존재를 가지고 일하는 자연, 그리고 자연 위에서 작용하며 기존의 사물을 전제로 하는 *ens completum* 예술이 그것이다.[17] 그는 예술가는 사물의 실체에 대해서는 아무것도 할 수 없다고 말했다.[18] 〈만들어진 사물들 속에는 수용자에 대한 행위자의 어떠한 영향도 없고 단지 논리적인 수정이나 변화만이 있을 뿐이다.〉[19] 예술가는 자연의 생산 리듬을 돕거나 재촉할 수는 있지만 자연과 경쟁할 수는 없는 것이다.

14 S. T., II, 2, 1.
15 *Summa Contra Gentiles*, III, 64.
16 St. Bonaventura, *In III Sent.*, 37, 1 dub. 1.
17 *In II Sent.*, 7(pars 2), 2, 2.
18 *In II Sent.*, 1, 2 ad 2.
19 *In II Sent.*, 7(pars 2), 2, 2.

이러한 사상들은 일반적인 스콜라 철학과 일반인들의 견해 속에 받아들여져 당시 보편적인 지식의 일부가 되었다. 『장미 이야기』에서 장 드 묑(아퀴나스의 『신학 대전』 이후 곧바로 이 시의 일부를 쓴 사람)은 여러 종들의 보존에 대한 자연의 관심을 다룬 구절을 썼는데 그 구절의 중간 부분에서 그는 여담으로 예술의 본질에 관해 길게 써놓았다. 그는 예술이 자연처럼 진실된 형식들을 생산해 내지는 못한다고 말했다. 차라리 예술은 대자연 앞에 무릎을 꿇고 (배움은 적으나 간절히 자연을 모방하고자 하는 거지처럼) 어떻게 하면 예술의 이미지로 실재를 포착할 수 있는지 가르쳐 달라고 자연에게 부탁해야 한다는 것이다. 그러나 예술이 자연의 작품들은 모방한다 해도 살아 있는 사물을 창조해 낼 수는 없다. 여기서 철학자들의 존재론적인 불신은 예술이 〈당당한 군마를 타고 청색, 노랑 혹은 초록이나 다른 여러 색깔의 줄무늬 갑옷을 입은 기사들, 신록 속의 새들, 모든 대양의 물고기들, 숲 속 여기저기를 다니는 야수들, 어린이들과 청년들이 봄에 숲으로 캐러 가는 모든 풀과 꽃들〉을 창조할 수 있다는 것을 아는 이의 영리한 각성이 된다. 예술은 이 모든 것들을 창조할 수 있지만 그것들을 움직이거나 느끼거나 말하도록 할 수는 없는 것이다.

이것을 진정한 자연과 예술의 가치에 대한 맹목적인 감수성으로 생각해서는 안 된다. 아퀴나스와 마찬가지로 장 드 묑의 관심은 미학적 차원보다는 과학적 차원에서 예술과 자연의 가능성들을 상술하는 것이었다. 그가 자신의 주장을 확실히 하기 위해 후자를 무시한 것은 자연스런 일이었다. 아퀴나스와 그의 차이는 다른 곳에 있었다. 시인의 주장에는 사실 예술에 대한 연금술의 우위를 논증하려는 데 그 의도가 있었다. 연금술이 실체를 변화시킬 수 있다고 믿었기 때문이었다. 당시의 세속 문화가 스콜라 철학의 방법과 개념들을 사용하긴 했지만 거기에는 이미 과학의 시작과 르네상스 인문주의의 철학이 담겨 있었다는 것을 알 수 있다.

예술적 형상에 관한 존재론적인 이론은 모든 한계에도 불구하고 미적인 것과 예술적인 것 사이에 분명한 연관 관계를 성립시켰다. 양자 모두 형상의 개념에 근거를 두고 있었던 것이다. 아퀴나스는 예술적 형상들이 우리에게 실체의 복잡성의 심부를 이해하고 꿰뚫어 보기를 요구하지 않기 때문에 우리가 예술적 형상들이 서로 같은 성질이고 미적 경험 속에서 쉽게 파악된다는 것을 알게 된다는 점을 시사했다. 예술적 형상들은 경험적이며 피상적인 것이다.[20]

3.

예술적인 것과 미적인 것을 연관지었다는 사실에도 불구하고, 중세인들은 예술의 고유한 부분에 대해 잘 이해하지 못하고 있었다. 그들에게는 순수 예술에 관한 이론이 없었다. 근대적인 의미의 예술, 즉 미적으로 향수되는 것이 일차적인 기능이고, 그로 인해 높은 지위를 가지는 대상들의 구성으로서 예술 개념이 그들에게는 없었던 것이다. 그들로서는 다양한 종류의 제작 행위를 규정하고 질서를 잡는 일이

---

20 S. T., I, 77, 1 ad 7.

어렵게 생각되었는데, 그것이 하나의 예술 체계를 구축하려는 시도가 많은 변화를 겪은 이유이다.

아리스토텔레스는 노예적 예술과 자유 예술을 구별했고,[21] 예술 체계에 대한 그 관념은 갈레누스의 『테크네에 관하여 *Perì Téchnēs*』로부터 중세로 들어왔다. 중세의 여러 저자들이 그런 체계들을 제안했는데, 그중에는 위그, 뤼돌프 드 롱샹Rudolf de Longchamp, 도메니코 군디살비Domenico Gundisalvi 등이 있었다. 군디살비는 1150년에 유형상 아리스토텔레스적인 자신의 체계를 해설했다.[22] 그는 시학, 문법, 수사학 등을 웅변술이라는 공통된 명칭하에 있는 우월한 예술이라고 했다. 기계적 예술은 종류상 열등한 것이었다.[23] 사실 노예적 예술은 그 물질적 성격과 신체적 노동으로 인해 품위가 손상된다는 것이 일반적인 생각이었다. 아퀴나스는 수공 예술이 노예적이라고 했으며, 자유 예술은 주제가 이성적이라는 점과 육체적이라기보다는 정신적인 예술이라는 점에서 훨씬 우월하다고 했다. 자유 예술은 추상적인 것으로 규정되므로 예술의 생산적인 성격은 갖고 있지 않은 것이 사실이지만 〈어떤 유추 때문에*per quandam similitudinem*〉 꼭 같은 예술인 것이다.[24] 사실 이로 말미암아 역설이 생긴다.

---

21 Aristoteles, *Politica*, VIII, 2.

22 Domenico Gundisalvi, *De Divisione Philosophiae*, edited by Ludwig Baur(Münster: 1903).

23 어떤 저자들은 〈메카니카이*mechanicae*〉라는 단어가 〈간통하다〉라는 뜻의 동사 〈뫼카리*moechari*〉에서 파생되었다고 주장하면서 이 견해를 정당화하기도 했다. 이 어원은 Hugues de St.Victor, *Didascalicon*, I, 9에도 다시 나타난다.

에티엔 질송이 예리하게 주목한 바와 같이, 이성이 무언가를 만드는 데 흥미를 갖게 될 때 예술이 발생한다. 이성이 더 많이 만들수록 더 많은 예술이 존재하게 되는 것이다. 그런데 이성이 만드는 일에 많이 관여하면 할수록 예술의 본질은 더욱더 노예적인 것이 되며 그 예술은 점점 더 이류가 된다.[25]

이런 이론은 귀족적인 견해를 표현했다. 노예적 예술과 자유 예술의 구분은 최고의 재산이 지식이며 관조며 지성의 능력이라는 정신 상태가 유형화된 것이다. 통상 임금을 받고 일하는 수작업이 열등하게 여겨질 수밖에 없었던 그리스에서의 구분이 과두 정치 사회를 반영했듯이 거기에는 노예 사회와 귀족 사회의 가치가 반영되어 있었다. 사회적인 요인들이 이 이론을 너무 완고하게 만든 나머지 이론의 전제들이 더 이상 옳지 않게 되었을 때조차 군건한 편견으로 남아서, 르네상스 시대에 조각가의 지위에 관한 격렬한 논쟁을 불러일으킬 정도가 되었다.

중세인들은 퀸틸리아누스를 기억할 것이다. 〈교양 있는 자는 예술의 본질을 이해하고 무지한 자는 예술이 가진 쾌락만 누린다.〉[26] 예술 이론은 교양 있는 자에 의해 경험될 수 있는 관점에서 예술의 정의를 제공하지만 예술적 실제와 교육은 쾌락과 관계가 있었다. 순수 예술과 기능 사이에 내려질 수 있는 모든 구분은 자유 예술과 노예적 예술의 구분에 사로잡혀 있었다. 그런데 노예적 예술들도 아름다운 것의 즐거움

---

24 S. T., I-II, 57, 3 ad 3.
25 Etienne Gilson, *Painting and Reality* (London: 1957), p. 31.
26 Quintilianus, *Institutio Oratoria*, IX, 4.

을 통해 신앙이나 과학의 진리를 제공하면서 교훈적으로 될 때에는 순수 예술로 간주되었다. 아라스 교회 회의에서는 〈조각을 읽고 감상할 수 없는 배우지 못한 사람들은 그림을 관조하면서 그것을 파악할 수 있다〉고 천명했다.[27] 그리고 베르나르 드 실베스테르Bernard Silvestris는 시에 대해 〈시는 서술적 우화의 덮개 아래에서 지성의 진리를 논증하는 것이다〉라고 말했다.[28]

단순히 즐거움을 주기 위해 고안된 예술에 대한 관념은 어쩌다가 언급되곤 한다. 토마스 아퀴나스는 여성의 머리 모양, 게임, 오락, 언어유희, 극적 재현 등을 예술로 승인한다는 말을 했다. 그러나 여기에도 실제적인 이유들이 있었다. 여성들이 남편의 사랑을 더 얻기 위해 자신을 꾸미는 것은 좋은 일이며, 게임은 노동의 피로를 가볍게 해주기 때문에 기쁨을 준다고 하는 것이다.[29]

4.

이러한 한계들에도 불구하고 중세 미학으로부터 순수 예술에 관한 몇몇 견해와 개념들을 끌어낼 수는 있다. 한때는 앨퀸의 것으로 알려졌으나 지금은 오를레앙의 주교였던 테

---

27 Synod of Arras, chap. XIV, in *Sacrorum Conciliorum Nova et Amplissima Collectio*, edited by J. D. Mansi, 53 vols.(Paris & Leipzig: 1901~1927), XIX, p. 454.

28 Bernard Silvestris, *Commentary on the Aeneid*, Prologue, edited by Julian Ward Jones and Elizabeth Frances Jones(Lincoln and London: 1977), p. 3.

29 S. T., I-II, 32, 1 ad 3.

오둘프Theodulf의 것으로 인정된 저술로서 샤를마뉴 궁정을 위해 쓰인 『카롤링거 왕조의 서*Libri Carolini*』라는 책 속에 중요한 구절이 있다.[30] 그 뿌리는 787년에 신성한 이미지의 사용을 승인하고 성상 파괴를 거부한 니케아 공의회에 있다. 카롤링거 왕조 시대의 신학자들은 그 회의의 견해를 지지했지만 예술과 이미지의 본질에 대해 수없이 예민하게 관찰한 끝에 그렇게 한 것이었다. 그들은 신성한 상(像)을 숭배하는 것도 어리석지만, 그것을 위험한 것으로 여겨 파괴하는 것 또한 어리석다고 주장했다. 상들은 그 나름의 자율성을 지닌 영역이 있어서 그로 인해 정당성을 갖는다. 상들은 제작된 대상물*opificia*이고 세속 예술의 물질적 산물이므로 어떤 신비로운 기능도 갖고 있지 않다. 어떤 초자연적인 힘이 그 속에 영감을 불어넣는 것도 아니다. 천사가 예술가의 손을 인도하는 것도 아니다. 예술은 신성하지도 야만스럽지도 않고 중립일 뿐이다. 상은 예술가의 재능이 만들어 낸 한갓 산물에 불과하므로 그것을 경배하거나 공경할 이유도 없다. 〈상들은 미 속에서 자라며 얼마간은 예술가의 재간에 의해서 변경된다.〉[31] 상의 가치는 성자를 잘 재현하는 것에 있는 것이 아니라, 가치 있는 재료로 잘 만들어진 것에 있다. 성모자 상의 경우 그 상이 종교적이라는 것을 말해 주는 것은 밑에 쓰인 제목뿐이다. 그것 자체로는 단지 품 안에 아이를 안고 있는 한 여인을 나타내는 것에 불과하며, 비너스와 아이네이아스, 알크메네와 헤라클레스, 안드로마케와 아스티아낙스도 마찬가

30 *Libri Carolini*, PL, 98, cols. 941~1350.
31 *Libri Carolini*, II, 27(PL, 98, col. 1095).

지다. 성모 마리아와 이교도 여신의 두 상이 있는 경우, 〈그 둘은 제목만 다를 뿐 형태, 색채, 재료는 같다.〉[32]

이렇게 단호하게 예술적 자율성을 긍정하는 것은 쉬제르의 알레고리 이론 및 성당의 시학과는 강력하게 대비를 이룬다. 『카롤링거 왕조의 서』의 미학은 순수 가시성의 미학인 동시에 조형 예술의 자율성에 대한 미학이었다. 여기서 나타난 것은 물론 카롤링거 왕조 시대 문화의 한 측면에 불과하다. 사실 카롤링거 왕조 시대는 이교도의 우화들을 되풀이해서 비난한 것으로 특징지어진다. 그럼에도 불구하고 앞의 구절은 미술, 도자기, 벽토, 그림, 삽화, 귀금속 작품들에 대한 언급으로 가득 차 있는데, 이는 저자의 세련된 취미를 증언해 주는 것이다. 카롤링거 왕조의 르네상스는 고전 시에 대한 애호에서도 주목할 만한데, 그것은 이미 분명하게 드러난 인문주의적 감수성을 가리키는 것이었다.

신학자들이 이런 예술 이론의 골격을 전개해 나가는 동안 예술적 지침과 실제에 관련된 방대한 기술적 문헌이 등장했다. 그런 지침서들 중 가장 먼저 나온 것 가운데 두 가지가 『로마의 색채와 예술 De Coloribus et Artibus Romanorum』과 『덩굴손 모양의 깃발 Mappa Clavicula』이었다. 여기서의 기술적 핵심에는 고전주의의 메아리와 동물 우화집의 환상들이 뒤섞여 있었다.[33] 그런데 이런 책자들 및 이와 유사한 다른 책자들에는 미학에 관련된 의견들이 아주 많았다. 그것

---

32 *Libri Carolini*, IV, 16(PL, 98, col. 1219).

33 J. Schlosser-Magnino, *Die Kunstliteratur*(Wien: 1924), pp. 26 이하 참조.

들은 미적인 것과 예술적인 것 사이의 연관성에 대한 명백한 인식을 보여 주는 것으로 색채, 빛, 비례에 대한 관찰들로 가득 차 있었다.

11세기에는 잘 알려진 『여러 예술에 관하여 Schedula Diversarum Artium』가 나타났다. 테오필루스라는 한 성직자가 쓴 이 책자는 볼펜뷔텔 도서관에서 레싱이 발견했다.[34] 테오필루스는 인간이 신의 모습대로 창조된 이상 인간에게는 형식에 생명을 불어넣는 능력이 있다고 썼다. 인간은 우연히, 그리고 자기 자신의 영혼에 대한 반성에 의해서 미에 대한 필요성을 발견하며, 실천과 노력으로 예술적 능력을 발전시킨다. 그는 성서에서 다윗이 〈주님이시여, 나는 당신의 집의 아름다움을 사랑해 왔나이다〉라고 노래하는, 예술에 대한 신의 계명들을 발견한다. 이 계명들은 명백한 지시 사항이다. 예술가는 성령으로 영감을 받아 겸손하게 작업해야 한다. 이 영감이 없다면 예술가가 자신의 작업을 시도할 수 없기 때문이다. 예술가가 예술에 대해 창안하거나 배우거나 이해하는 것은 무엇이든지 성령의 일곱 가지 선물의 열매인 것이다. 예술가는 지혜를 통해 예술이 신으로부터 자신에게로 오는 것임을 알게 된다. 깨달음을 통해 예술가는 다양성과 척도의 법칙들을 알게 된다. 권고를 통해 그는 자신의 재능의 비밀을 제자들에게 기꺼이 전해 주게 된다. 용기를 통하여 그는 자신의 창조적인 노력 속에서 인내를 얻는다. 일곱 가지 선물의 나머지도 이런 식이다. 이런 신학적인 전제들로부터 테오필루스

---

34 Theophilus, *De Diversis Artibus*(*schedula Diversarum Artium*), edited and translated by C. R. Dodwell(London: 1961).

는 일련의 긴 실제적인 가르침을 주는데 그것은 특히 유리 세공과 관련되어 있다. 그는 또 조형 예술에 있어서 매우 자유로운 취미를 드러낸다. 예를 들면 그는 큰 역사적 사건들을 그릴 때, 빈 공간은 반드시 기하학적 도안, 꽃, 나뭇잎, 새, 곤충, 심지어는 작은 나체로라도 가득 채울 것을 권하고 있다.

중세인들이 조형 예술에 관해 비체계적으로 성찰했을 때, 그들은 자신들의 체계로는 포괄할 수 없는 사물들을 말한 것이 분명하다. 그래서 알랑 드 릴은 『안티클라우디아누스 Anticlaudianus』에서 자연의 궁전을 장식하는 그림들에 관해 쓰면서 다음과 같이 찬양했다.

> 오, 당신의 새로운 경이가 담긴 그림! 실제로는 존재하지 않는 것이 존재와 그림이 되어 실재의 흉내를 내고 낯선 예술로 스스로 변화되며 사물의 그림자를 사물로 바꾸며 모든 거짓말을 진실로 변화시키는구나.[35]

첸니노 첸니니Cennino Cennini는 회화술을 시와 같은 차원으로 지식의 뒤편에서 다루면서 새로운 가치를 부여했다. 회화가 상상력의 자유로운 구상적 유희를 반영한다는 그의 견해는 호라티우스가 〈시인과 화가는 항상 어떤 종류의 자유라도 취할 권리를 가지고 있다〉[36]고 썼던 『시학Ars Poetica』의 구절에서 영향을 받은 것이다. 첸니니보다 더 〈중세적인〉

---

35 Alan de Lille, *Anticlaudianus*, translated by James J. Sheridan (Toronto: 1973), I.

36 Horace, *Ars Poetica*, 9~10.

저자인 W. 두란두스는 특별히 이 구절을 성서 속에 나오는 사건들을 그리는 것을 정당화하는 데 이용했다.[37]

그림은 이런 식으로 지위를 확보하기 시작했고, 신학자들은 미를 설명하는 이론을 제공함으로써 그런 상황을 도와 주었다. 아퀴나스의 주장은 형상 중의 형상인 하느님의 독생자에 초점이 맞춰졌다. 그리스도는 아버지의 형상, 즉 〈다른 누군가에 의해서 형태가 부여된〉[38] 형상이기 때문에 아름다운 존재였다. 하느님의 아들은 그리하여 미의 세 가지 속성을 갖게 되었다. 그는 자기 자신 속에 아버지의 본성을 실현했다는 점에서 완전성을 가졌으며, 〈명백한 아버지의 형상 *imago expressa Patris*〉이기 때문에 조화를 가졌고, 그 자신이 말씀, 표현, 지적 광휘 *splendor intellectus*이므로 명료성을 가진 것이다.

성 보나벤투라는 한층 더 노골적이었다. 그는 모방된 대상이 그 자체로 아름답지 않을 때조차도 그 상의 미에 대해 두 가지 조건을 든다. 그는 상이란 잘 구성되고 그 대상을 성실하게 재현했을 경우 아름다운 것이라고 말했다. 〈악의 형상도 부정함과 악 그 자체를 잘 재현했다면 아름답다고 불릴 수 있다.〉[39] 추한 것의 형상은 〈추함〉이 설득력 있게 재현되었을 경우 아름답다. 여기에서 교회에 있는 모든 악의 형상들이 정당화되는데, 이는 성 보나벤투라의 비난이 드러내는 무의식적 즐거움의 비판적 토대가 되는 것이다.

37 William Durandus, *Rationale Divinorum Officiarum*.
38 S. T., I, 35, 1 ad 2.
39 St. Bonaventura, *In I Sent*., 31(pars 2), 1, 3 ad 2.

5.

시와 수사학에 관한 논술들도 있었다. 시론은 오랫동안 문법 및 작시술과 혼동되어 왔다. 시의 기술에 관한 관념은 도메니코 군디살비의 『철학의 구분 *De Divisione Philosophiae*』에서 다시 등장했지만 전체적으로 시론의 지위는 산문과 시를 동일한 대상으로 삼았던 웅변술 *artes dictamini*의 규칙들에 의해 자리를 잡았다. 쿠르티우스 Curtius가 주목하듯이 시작 (詩作)을 가리키는 말은 없었으며 운율적 구성, 시, 혹은 운율 작법 등의 개념들은 아델름 Adhelm of Malmesbury과 오도 Odo of Cluny에 의해서 〈운율적 웅변 *metrica facundia*〉, 혹은 〈시적 격언을 위해 고안된 교과서 *textus per dicta poetica scriptus*〉 등으로 표현되었다.[40]

진정한 비판적인 자각은 12세기에 이루어졌다. 예를 들면 솔즈베리의 존은 문필가들 *auctores*의 글을 읽을 때 샤르트르의 베르나르 Bernard de Chartres식 비평 방법을 따를 것을 권고하고 있다.[41] 역시 이 무렵에 〈새로운 시〉와 옛날 시의 구분도 생겨났다. 언어적 순수주의자, 오를레앙 학파, 반전통주의자들 등과 같이 다양한 문학적 움직임들 사이의 논쟁도 활발했다.[42] 12세기와 13세기에는 방돔의 마티아스, 빈소프의 제프리, 에베르하르트 Eberhard of Bethune, 갈란드의 존 John of Garland 등이 철학적으로는 약하지만 중세 시론사

---

40 E. R. Curtius, *European Literature and the Latin Middle Ages*, chap. 8 참조.

41 *Metalogicon*, I, 24.

42 G. Paré, A. Brunet and P. Tremblay, *La Renaissance du XIIe siècle* (Ottawa: 1933) 참조.

에서 매우 중요한 동시에 미학과도 연관성이 없지 않은 시 예술론들을 고안해 냈다. 그들은 균제, 언어적 색채*color dicendi*, 언어상의 〈유희성*festivitas*〉, 구성의 규칙 등에 관해 많은 전통적인 가르침을 주었다. 그러면서 동시에 새로운 것들을 제안하기도 했다. 예를 들면 제프리는 소재의 난해함과 저항에 대해 말하면서, 오직 부단한 노력만이 해당 형식에 부드러움을 줄 수 있다고 했다.[43] 이것은 철학적 예술론들이 소재에 예술 형식을 부과하는 데는 어려움이 없다고 하면서 거부하려 했던 견해인 것이다.

아베로에스Averroes가 시에 관한 약간의 논평을 보충함으로써 장경(場景)[44]의 시론을 설명한 것도 역시 12세기였다. 거기에 담겨진 아리스토텔레스적 사고는 별로 독창적이지 않지만, 시와 역사에 대한 그의 구분은 아리스토텔레스의 구분과는 다르며 중세 시대로서는 새로운 것이었다. 역사가 아닌 이야기를 자세히 말하는 작가는 순서를 무시한 사실들의 목록을 만드는 것이라고 그는 말했다. 반면 시인은 진실되며 진짜 같은 사실들에 척도와 규칙, 즉 시적 운율을 주는 동시에 보편을 다룬다고 했다. 그래서 시는 단순한 상상의 연대기보다 더 철학적이다. 또 다른 흥미 있는 언급은 시가 수사학이나 설득이라는 무기를 이용해서는 안 된다는 것이었다. 시는 그저 모방해야 하는데, 모방된 대상이 우리 앞에 보이는 것처럼 그렇게 생생하게 모방해야 한다는 것이다. 만

---

43 Edmond Faral, p. 203 참조.
44 아리스토텔레스가 비극시의 여섯 가지 요소 중 하나로 꼽은 것으로서, 시각적인 효과를 말한다. 영어로는 〈*spectacle*〉 — 옮긴이주.

약 시인이 단도직입적인 추론을 위해서 이 방법을 거부한다면 자신의 예술에 대해 죄를 짓는 것이다.[45]

스콜라 철학은 세속적 시의 영향하에 단어와 영상 속에 표현된 새로운 사고방식에 대한 자각을 반영하기 시작했다. 시는 단순한 운율의 사용 이상을 담고 있다는 생각이 들게 된 것이었다. 스콜라 철학의 정통성에 충실했던 할레시우스의 알렉산더는 시란 〈고안된 것이며 지식을 담고 있지 않은 것 *inartificialis sive non scientialis*〉[46]이라고 주장했다. 그러나 시인들 자신은 새로운 유형의 지식, 즉 시적 지식을 알고 있었다.[47] 서정 음유 시인들은 영감의 시학을 가지고 있었다. 후안 데 바에나Juan de Baena는 『칸키오네로*Cancionero*』의 서문에서 시를 짓는 것은 신으로부터 받은 은총이라고 말했다. 그에게는 시가 주관적 진술, 즉 감정의 길을 따라가는 것이었다.

조프리는 이성이 충동적인 자의 손을 통제하고 미리 예상된 계획에 따라 우리의 행동을 조절해야 한다고 했다.[48] 그러나 크레티앵 드 트루아는 우리에게 퍼시발Percival[49]이 완전 무장을 하고 말 위로 뛰어오르면 그는 자신을 가르치는 기사를 무시하는 것이며, 모든 예술에는 오랫동안 한결같은 적용이 필요하다는 그의 충고도 무시하는 것이라고 말한다. 스콜라 철학의 예술론에 대해서는 아무것도 알지 못하는 퍼시발

---

45 M. Menéndez y Pelayo, pp. 310~344.
46 *Summa Theologica*, I, 1.
47 M. Menéndez Y Pelayo, p. 416.
48 *The New Poetics*, p. 34.
49 아더왕 이야기에 등장하는 궁정 기사 — 옮긴이주.

은 두려움 없이 자신의 창을 쉬게 한다: 〈자연이 나를 가르칠 것이다. 자연이 그것을 원하면 가슴의 도움을 얻을 것이고, 그렇게 되면 아무것도 어려울 게 없다.〉

10 영감과 예술의 위상

1.

예술의 권위와 시적 창조성의 가치에 대한 새로운 의식이 조금씩 중세의 문화권 속으로 들어왔다. 그러나 스콜라 철학의 이론은 너무나 엄격해서 이런 개념들을 융합할 수 없었다. 하지만 거기에 왜곡과 비난밖에는 없다는 듯이 지나치게 결점만을 찾아내려고 해서는 안 된다.

예를 들어 아퀴나스는 시를 〈열등한 교의 *infima doctrina*〉라 하고 〈시적 문제들은 진실이 결여되어 있기 때문에 인간의 이성으로는 파악할 수 없다〉고 했다.[1] 그러나 그에게 근본적으로 시를 비난할 의사는 없었다. 그는 단지 시가 〈제작〉의 한 형식이며 순수한 지적 사고보다 열등한 것이라고 보는 예술에 대한 관례적 의견을 되풀이하고 있었던 것뿐이다. 사실 위의 구절은 시와 조각을 비교해서 시가 패배자가 되어야 한

---

1 S. T., I-II, 101, 2 ad 2.

다는 것이다. 시에 〈진실이 결여되어 있다〉는 것은 시가 비과학적 양태의 담론이며 허구를 다룬다는 사실을 가리킨다. 토마스 아퀴나스는 〈시인은 은유에 의해서 사물을 재현 혹은 모방한다……. 왜냐하면 재현이란 본질적으로 인간을 기쁘게 하는 것이기 때문이다〉라고 했다.[2] 따라서 시적 재현의 대상은 엄격한 의미에서 지식의 대상이 될 수 없다. 그 밖의 문제에 대해서는 아퀴나스도 시의 미적 가치와 쾌락적 가치에 대해 인식하고 있었다. 그의 언급은 비난이 아니다. 그는 다만 시가 특별히 교훈적인 기능을 갖추지 못하는 한, 시의 즐거움에 흥미를 갖지 못하는 이론가의 면모를 반영하고 있는 것이다. 콘라트는 『작가에 관한 대화』에서 시인은 진실이 아닌 거짓을 말하거나 혹은 참된 것을 거짓된 것과 뒤섞기 때문에 〈이야기를 만드는 자 *fictor*〉라 불린다고 했다.[3] 그는 또 시적 우화에서는 단어들이 어떤 의미심장한 힘도 갖지 못하고 단지 〈음성의 소리에 지나지 않는다 *sonum tantummodo vocis*〉고 덧붙였다.

현대의 이론들과는 다르게 스콜라 철학은 시가 이성적 사고를 결여한 강도와 호흡으로 사물의 본질을 드러낼 수도 있다는 가능성을 직시하지 못했다. 이는 스콜라 철학이 예술의 교훈적인 개념에 매달려 있었기 때문이다. 만약 시가 자유롭게 증언할 수 있는 어떤 진실을 담고 있다면 시가 할 수 있는 최상의 것은 즐거움을 주는 방식으로 진실을 표현하는 일이

---

[2] S. T., I, 1, 9 ad 1.

[3] Conrad of Hirschau, *Dialogus Super Auctores*, edited by G. Schepss (Wurzburg: 1889), p. 24.

었다. 그러나 시가 진실을 발견할 수는 없었다. 묵시록의 진리를 알지 못했던 이교도의 시인들은 신적 영감을 통해서만 진리에 대해 쓸 수 있었다. 세네카는 〈많은 시인들은 철학자들이 이미 말했던 것이나, 혹은 말했어야만 했던 것을 쓰고 있다〉고 했다.[4] 그러나 중세인들은 시에는 어떤 철학적, 과학적 논의가 담겨 있을지도 모른다는 식의 매우 피상적인 의미로 이것을 이해했다. 장 드 묑이 그랬듯이 시를 구성하는 것이 때로는 철학에 잠깐 손을 담그는 정도로 간주될 수 있는 것이다.

그러나 마침내 시에 관한 새로운 이론이 출현했는데, 그것은 알베르티노 무사토Albertino Mussato와 같은 원(原)인문주의자가 고안해 낸 것이었다. 무사토는 시가 과학이며 신의 선물이라고 말했다. 〈법이 신에게서 온 것처럼 시는 하늘에서 내려온 과학이다.〉[5] 그는 고대의 시인들이 신의 전령들이었으며 이런 의미에서 시는 일종의 이차적 신학으로 간주할 수 있다고 덧붙였다. 아퀴나스는 아리스토텔레스가 신학자라고 불렀던 초기의 우주론적 시인들과 철학자들을 구별한 것을 지적했다.[6] 그러나 아퀴나스 자신은 철학자들만이(그의 견해로는 신학자들만이) 신적인 것에 대한 지식과 친밀하다고 주장했다. 반면 시인들은 〈격언에서 알 수 있듯이 거짓말쟁이들이다〉.[7] 그는 오르페우스나 뮤즈 여신들의 시인 신화

---

4 Seneca, *Ad Lucilium Epistulae Morales*, VIII.
5 Albertino Mussato, *Epistola IV*. E. R. Curtius, p. 215에서 인용함.
6 Aristoteles, *Metaphysica*, 983b~984a.
7 *Comm. in Metaph.*, 63.

적 시에 대해서는 겸손하게 굴었다. 시는 기껏해야 직유와 우화의 방법으로 사물의 근원이 되는 물과 같은 몇몇 개념만 이해하게 해줄 뿐이다.[8]

그러나 이제는 원인문주의자들이 스콜라 철학의 용어에 시인-신학자라는 이중적 개념을 보태는 데 착수했다. 그런 관념은 만투아의 프라 조반니노Fra Giovannino of Mantua와 같은 아리스토텔레스적 주지주의를 지지하던 사람들과의 논쟁에서 비롯되어, 전통적인 견해들 뒤에 숨어서 완전히 새로운 시 개념 속으로 몰래 들어왔다. 에우제니오 가린Eugenio Garin은 그것을 다음과 같이 서술했다.

> 시에 계시적 기능을 부여해서 인간 경험의 중심이자 최고의 순간으로, 즉 사물의 살아 있는 리듬, 모든 것을 영상으로 변환시키고 동시에 인간적 의사소통의 형식으로 바꿀 수 있는 것과 스스로 동일시하며 거기에 참여하면서 인간 조건의 본질을 볼 수 있는 바로 그 지점으로 간주하려는 노력.[9]

이런 새로운 감정이 세속 시에는 함축적으로, 몇몇 초기 인문주의자들에게는 명백하게 드러나 있었다. 그러나 스콜라 철학의 이론은 그런 점에서 배타적이었다. 성서의 시는 장식의 의도가 아니고 비유적인 지시가 분명하며 마지막에는 인간 이상의 것으로 다르게 간주되었다. 신비주의자들의 시각, 신앙과 은총에서 우러나온 그들의 미적 법열 상태는

---

8 *Comm. in Metaph.*, 83.
9 Eugenio Garin, *Medioevo e Rinasimento*, p. 50.

시적 감정과는 어떤 유사성도 없는 것으로 인식되었다. 더구나 교훈적인 시가 철학보다 더 〈심오한〉 종류의 강론으로 간주되지는 않았다. 직관과 설명의 구분은 교훈시와 철학 간의 대조가 아니라 오직 신비주의와 철학 간의 대조와 관련이 있다고 여겨졌다.

중세의 예술 이론은 이 문제를 망각하고 있었다. 그렇다고 해서 그것을 흠잡을 수는 없다. 중세 예술 이론의 가치는 예술적 노력의 다른 측면들을 강조하는 데 있다. 후손에게 예술의 수공적, 구성적 본질에 대한 확고한 파악과 기술 속의 예술적 요소 및 예술 속의 기술적 요소에 대한 의식을 물려주었던 것이다. 이것들은 미학이 다시 한 번 귀담아듣기 시작한 잊혀진 가르침들이다.

2.

중세의 예술 이론은 새로운 시적 실제 및 시적 자의식을 올바로 평가하지는 못했지만 또 다른 문제를 논의하고는 있었다. 그 문제란 예술가의 〈범례적 관념 *idea*〉, 즉 예술적 창조성의 문제였다.

고전 미학에서 플라톤의 이데아론은 변화를 겪었다. 처음에는 예술을 모독하는 데 이용되었다가 예술가의 내적 환영을 설명하는 것으로 바뀐 것이다. 헬레니즘적 사고는 예술적 노력을 재평가했으며 예술이 자연에서는 찾을 수 없는 관념이나 미의 영상을 갖고 있다는 견해를 인정하게 되었다. 예를 들면 필로스트라투스는 예술가가 자연의 모델로부터 자유로울 수 있으며 심지어는 지각의 습관으로부터도 해방될

수 있다고 믿었다. 그것은 직관 미학의 토대가 되는 상상력이라는 개념의 시작이었다.[10]

스토아학파도 이러한 발전에 기여했다. 키케로는 『웅변론 De Oratore』에서 감각의 대상보다 우월한 내적 환영의 이론을 개략적으로 서술했다. 사실 어떤 아름다운 대상이 생각 속에서 창조된 대상이어야 한다면, 그것은 실제 자연의 형식보다 덜 완벽하거나 아니면 예술적 관념들이 최고의 형이상학적 완성도를 지녀야 한다. 플로티노스는 물론 후자의 견해를 지지했다. 그에게 내적 이데아란 최고의 완벽한 원형인데, 예술가는 그것을 통하여 자연의 근본 원리들을 예지적으로 관조하는 것을 향유하게 된다고 한다. 예술의 목적은 물질 속에 이데아를 구현하는 것이다. 비록 노력이 있어야 하고 부분적으로밖에 성공할 수 없지만 말이다. 질료는 이런 식으로 형태지어지는 것을 거부했다.[11] 그러나 플로티노스에게 한층 더 중요한 것은 예술가의 내적 시각, 즉 예술가의 상상력 속에 살아 있는 원형의 고귀성에 대한 그의 감각이었다.[12]

플라톤적이든 아리스토텔레스적이든 간에 중세인들은 모두 예술가의 정신 속에 있는 범례적 관념을 믿고 있었다. 그

---

10 Augusto Rostagni, "Sulle tracce di un'estetica dell'intuizione presso gli antichi", in *Scritti Minori*, 3 vols.(Torino: 1955), I, pp. 356~371 참조.

11 물론 플로티노스에게 이데아에 대한 질료의 관계는 아리스토텔레스적 질료와 형상의 관계와는 사뭇 다르다.

12 예술적 이데아에 대한 이 이론의 역사적 전개는 Erwin Panofsky, *Idea: A Concept in Art Theory*, translated by Joseph J. S. Peake(Columbia: 1968; 초판, 1924)에서 충분히 다루고 있다.

들은 예술 작품이 범례적 관념에 따라 구성된다고 주장했고 그러한 관념이 물질적으로 어떻게 구체화될 것인지에 관해서는 별로 염려하지 않았다. 그런데 그런 관념이 예술가의 정신 속에서 어떻게 형성되었던 것일까? 그런 관념들은 어디서부터 왔을까? 그리고 어떻게 예술가의 의식에 나타나게 되었을까?

아우구스티누스에 의하면 정신은 사물에다 무언가를 더하거나 빼고, 경험에 의해서 기억 속에 남겨진 것들을 변경시키는 능력을 가지고 있다. 그러므로 만약 우리가 까마귀의 형태에다 무언가를 더하거나 뺀다면 자연 속에는 존재하지 않는 피조물을 상상하게 된다.[13] 본질적으로 이것이 『피소 삼부자에게 Ad Pisones』의 서두에서 개략적으로 서술된 상상력의 구조다. 아우구스티누스는 본유 관념 덕분에 그 앞에 열린 모든 가능성들에도 불구하고 상상력의 모방 이론에서 결코 멀리 가지 못했던 것이다. 중세의 영감 이론에 가장 가깝게 접근한 것은 우리가 이미 살펴보았듯이 테오필루스의 『여러 예술에 관하여』 속에서 발견된다.

예술이 독특한 특질들을 가지고는 있지만, 이것이 자연과 경험으로부터 예술이 독립하는 데 어떤 기여를 하지는 못한다고 믿는 것이 오늘날의 경향이다. 우리는 예술이 우리의 정상적인 상상의 과정을 통해 질서와 형식을 부여받은 생생한 경험들의 중심이라고 본다. 예술적 특수성은 질서와 형식이 구체화되고 지각 앞에 열리는 방식 manner에서 생긴다.

---

13 St. Augustinus, Letter 7(to Nebridius), *Letters*, vol. I, pp. 14~19 (p. 18).

생생한 체험들, 예술적 결정들 그리고 사용되고 있는 재료의 자율적인 법칙들 간에는 상호 작용 과정이 있다. 더구나 현대 미학은 오랫동안 예술 작품 속에는 어떤 〈관념 idea〉이 있다는 생각을 해왔으며, 이에 대한 논의는 제법 통찰력을 발휘해 왔다. 그러므로 이 관념의 역사를 추적하는 일은 유용할 것이다. 그것은 중세 시대부터 르네상스와 매너리즘 시대로 내려온 것이다. 그러나 가장 중요한 형성 과정에서 아리스토텔레스의 이론, 즉 관념화의 현상은 충분히 설명되지 못했다. 논의를 계속할 수 있을 만큼 이야깃거리를 제공해 주지 못한 것이다.

아퀴나스에게 예술적 관념은 예술가의 정신 속에 하나의 영상으로, 즉 〈다른 사물이 그것을 본떠서 구성되게끔 하는 모범 형상〉으로 존재했다.[14] 〈작용하는 지성은 만들어질 사물의 형상을 미리 예상한다. 그것은 하나의 관념으로서 모방되는 대상의 형상을 가지고 있다〉고 그가 쓴 바 있다.[15] 이것이 아리스토텔레스식 입장이었다. 여기서 말하는 관념은 실체적 형상, 즉 일종의 플라톤적 본질인 질료와 구별되는 형상에 대한 관념이 아니다. 오히려 질료와의 관련 속에서 상정되는 형상, 질료와의 통일성을 구축하는 형상에 대한 범례적 관념이다. 〈그러므로 관념이란 질료나 형상과는 아무런 상관이 없고 전체 구성과 관련이 있다. 그것은 형상과 질료 모두에 작용하는 것이다.〉[16] 유기체는 단일한 모범 형상의 지배를

---

14 St. Thomas Aquinas, *In III Sent.*, 27, 2, 4, 3 ad 1.
15 St. Thomas Aquinas, *De Veritate*, 3, 2.
16 *De Veritate*, 3, 5.

받으므로, 아퀴나스는 구성의 통일성을 강조한다. 건축가가 하나의 건축물을 생각할 때 그는 그 건축물의 모든 성질들, 설계, 높이 등등에 대해서 생각한다. 장식이나 벽화처럼 부차적인 성질들은 집이 지어진 후에나 생각하게 될 것이다. 여기에서 예술의 기능주의적 개념을 다시 주목해 볼 가치가 있다. 즐거움을 주는 액세서리들은 진정한 예술적 관념에는 속하지 않는 것이다.

범례적 형상은 예술가가 자연 속에 있는 대상을 재생하고자 하는 모방 충동 때문에 예술가의 마음속에서 생겨날 수 있는 것이다. 그러나 그 대상이 건물이나 이야기, 혹은 괴물의 조각상 등과 같이 새로운 대상인 경우에 범례적 관념은 상상력 phantasia에 의해서 창조된다. 상상력은 인간의 감각 영역이 지닌 네 가지 내적 능력 중 하나이다(그 외 다른 세 가지는 공통 감각, 평가 혹은 숙고 능력 그리고 기억이다). 그것은 생생한 경험의 축적, 즉 〈감각에 의해 주어진 형식들의 창고〉로 이루어져 있다.[17] 우리는 상상력을 통해서 기억된 어떤 대상을 마치 실제로 있는 것처럼 우리 앞으로 가져올 수 있으며, 또는 기억된 수많은 형상들을 종합할 수도 있다.[18] 이렇게 형상들을 종합하는 것은 상상력의 가장 전형적인 활동이며 다른 능력으로는 설명할 수가 없는 일이다.

아비센나는 평가 능력과 상상력 사이에 상상 속의 형식들을 결합시키고 구분하는 제5의 능력을 두었다. 말하자면 〈황금〉

17 S. T., I, 78, 4.
18 *Comm. de Anima*, III, 4, 632~633.

이라는 상상의 형식과 〈산〉이라는 상상의 형식에서 이제껏 보지 못했던 〈황금산〉이라는 하나의 형식을 구성한다는 것이다. 그러나 이 작용은 인간이 아닌 동물에게는 일어나지 않으므로 인간의 상상력은 이것만으로도 충분하다.[19]

이 이론은 명백히 경험주의적이고 주지주의적이다. 가장 긍정적인 특징이라면 명료성과 단순성이다. 비이성적인 것이나 초자연적인 것을 언급하지 않은 채 예술을 설명하려고 한다. 그러나 여기서 간과된 것은 상상력의 창의적 능력이라고 하는 좀 더 복잡한 개념으로, 이것은 원칙적으로 기존의 전제들을 바탕으로 설명될 수 있는 것이었다. 그리고 예지적 통찰력과 숙련된 장인 의식이 자양분이 된 예술에는 신체적 작동이 지성의 개념들을 따라가는 것이 아니라 신체적 작동이 그것을 만듦으로써 무엇인가를 생각하는 지성이 되는 그런 힘든 과정이 포함되어 있다는 것을 인식한 아무런 징조도 없다. 질송이 물음을 던지듯, 예술이 지성의 한 능력이라면 어떻게 물질에 관념을 각인할 수가 있겠는가? 지성은 각인시킬 능력이 없다.[20] 아리스토텔레스주의에서 말하듯이 예술적 과정은 자발적인 것이 아니며, 창조라는 독특한 행위를 이끌어 내지 못한다. 결과적으로 아리스토텔레스주의는 예술의 주관성과 감정적 성격을 무시한 것이다.

19 S. T., I, 78, 4.
20 Etienne Gilson, *Painting and Reality*, p. 32.

3.

기사도 정신의 이상이 증대되면서 기본적으로 중세적 가치인 칼로카가디아(善美)는 점점 미적인 힘을 확보해 나갔다. 『장미 이야기』가 그 한 예이다. 궁정풍의 사랑은 또 다른 것이었다. 미적 가치들은 신적인 것의 빛으로 해석된 인간의 삶에 적용될 수 있도록 양식화된 공식으로 표현되었다. 이제 미적 가치들은 사회적 가치가 되어 갔다. 여성들은 그런 사회적, 예술적 삶의 중심에 서 있었다. 봉건 제도 시절에는 여성이 무시당했지만 이제 문학에서는 무시할 수 없는 지위를 확보하게 되었다. 그래서 정서에 관련된 것들의 가치가 높아졌고 사건들을 서술하는 시는 주관적 진술의 시에 자리를 내주어야 했다. 나중에 낭만주의 운동은 중세적인 것들에 현혹당해서 역사의 기대를 저버렸지만, 거기서 감정 미학의 싹, 말하자면 충족되지 않은 열정(낭만주의에서는 〈롱텐 공주 *princesse lontaine*〉의 매저키즘)으로 가득 차, 시를 무한한 것의 표현으로 만든 새로운 감수성의 탄생을 올바로 간파했다. 그래도 사실 궁정 시인과 음유 시인의 새로운 시는 매우 관습적이었으며 비유적으로도 완고했다.

스콜라 철학의 예술 이론은 이런 동요 속에서 다소 당황스러워 했다. 당시는 명료한 기존의 지식이 모범 관념을 제공하고, 규칙에 따라 표현되던 교훈적 예술에만 한정되어 있었기에 순수 예술에 대해서는 부분적으로밖에 설명할 수가 없었던 것이다. 그러나 단테가 자신은 사랑이 내부로부터 지시를 내리는 것을 표현하고 있다고 말할 때, 비록 그 사랑이 철학적으로 규정된 것일지라도 우리는 사뭇 다른 것에 직면하게 된다. 열정과 감정의 세계와 확고하게 연결된 창조성이라는 새로운 개념이 나타난 것이다. 이 개념이 그것이 지닌 모든 문제들과 더불어 현대의 미적 감수성을 주도하고 있다.

신비주의자들만이 사상, 감정, 직관적 특징을 설명하는 방식을 새로운 시에 제공할 수가 있었다. 물론 신비주의는 영혼의 다른 영역들과 관련이 있었지만 거기에는 영감과 직관을 중요시하는 미래 미학의 씨앗이 숨어 있었다. 플라톤적 전통이 예술적 관념의 이론을 가능하게 한 것처럼 프란체스코 학파는 사랑을 강조했고 감정 미학의 핵심을 제공할 것이다. 그리고 영혼 깊숙이 〈조화로운 평온함*aequalitas numerosa*〉에 대한 요구와 규칙이 존재한다고 하는 성 보나벤투라의 이론 역시 의미 있다. 그의 이론은 예술적 관념들과 영감에 관한 미래의 미학이 내적 환상을 규정하는 방법을 지시해 주었다.

프란체스코 학파의 정신성 이외에도 빅토르파의 신비주의 내에 미적 직관의 가능한 토대는 이미 존재했다. 그것은 지성과 이성 간의 구별에서 발견할 수 있는데, 이때 지성은 관조 및 종합하는 시각을 의미한다. 〈공기처럼 자유로운 관조는 놀랍도록 빠르게 그 움직임 속에 스며든다.〉[21]

유대-아랍적인 사상 역시 상상력의 미학을 암시하고 있었다. 예후다 레비Jehudah Levi는 『코르시의 서 *Liber Corsi*』에서 즉각적인 내적 시각, 즉 통찰력이라고 하는 시인의 타고난 재능을 말하고 있다. 조화의 규칙들은 시인의 영혼 속

---

21 Richard of St. Victor, *Benjamin Major*, I, 3(PL, 196, col. 66).

에서 양육되어 시인이 그 규칙들을 어떻게 정립해야 할지 모르더라도 외적으로 실현된다. 어떤 사람은 시의 모든 규칙들을 다 알면서도 아무것도 창조해 낼 수 없는 반면, 〈천성적으로 시인인 사람은 즐거움을 주면서 동시에 완벽한 시를 만들어 낼 수가 있다.〉[22] 이것은 보이티우스적 주지주의의 종말을 고하는 것이다. 아비센나에게도 상상력은 감각의 유혹을 초월하며, 상상력의 흔적은 위로부터 와서 완벽한 형식, 즉 〈운문으로 된 담화나 놀랍도록 아름다운 형식〉을 창조해 낸다.[23] 그러나 주목할 만한 또 하나의 문제는 시인의 신적 광기라고 하는 관념이다. 이 문제는 한 번도 이론적으로 다루어진 적이 없지만 중세 전체의 전통 속에 널리 퍼져 있었다.[24]

에크하르트에게 모든 피조물의 형식은 우선 신의 마음속에 존재한다. 그러므로 상상력이 어떤 대상을 떠올릴 때마다 이것은 현실적으로 환영이거나 예지적 우미이다. 인간의 관념은 형성된다기보다는 발견되는 것이다. 인간이 생각하는 모든 사물은 신 안에 존재한다. 〈말들은 태초의 말씀으로부터 능력을 받아 오는 것이다.〉 예술적 범례를 찾는 일이 곧 예술적 범례를 창조하려는 일은 아니다. 오히려 재생될 실재를 실재와 동일하게 되는 지점까지 주의를 기울여 신비스럽게 초점을 맞추는 일을 의미한다. 그러나 신 안에 존재하면서 인간의 정신으로 옮겨지는 관념들이 행위, 힘, 작용 원리

---

22 Jehudah Levi(Yhudah Halevi), *Liber Corsi*, edited by J. Buxtorf (Basle: 1660), p. 361.

23 Avicenna, *Livre des directives et remarques*, translated by A. -M. Goichon(Paris: 1951), p. 515.

24 E. R. Curtius, pp. 474~475 참조.

들의 유형이 되는 플라톤적 원형은 아니다. 그것들은 살아 있는 관념들이다. 그것들은 〈표준〉으로서 존재하는 것이 아니라 행해진 행동의 관념으로서 존재한다. 그런 관념으로부터 싹이 터서 자라는 것처럼 하나의 현실적인 대상이 나타나게 되는 것이다. 에크하르트의 이론은 아리스토텔레스를 떠올리게 하는 방식으로 이루어져 있으면서도 관념의 역동주의와 생성력에 대한 더 많은 감각을 가지고 있다.[25] 표현된 영상은 〈형상의 유출 formalis emanatio〉이며 〈자신의 출현을 알고 있다 sapit proprie ebullitionem.〉 그것은 범례와는 구별되지 않지만 범례가 가진 바로 그 생명력은 같이 공유하고 있다. 말하자면 그것은 범례 속에 있으며 범례와 동일한 것이다.

영상과 영상으로 보이는 바로 그 사물은 별개의 것이 아니다. 그것들은 두 개의 실체가 아니다……. 영상은 엄밀히 하나의 유출이며, 단순하고 형상적이며, 본질 전체가 흘러나오는 것이며 순수하고 숨김 없는 것이다. 그것은 외적인 모든 것들을 배제한 채 고요 속에서 심연으로부터 나오는 유출이다. 거기에도 일종의 생명이 있다. 사물의 이미지는 그 자체로부터 발생하며 그 자체로 성장하는 것이다.[26]

25 Ananda Coomaraswamy, "Meister Eckhart's View of Art", in *The Transformation of Nature in Art*(Harvard: 1934) 참조.
26 A. Spamer, *Texte aus der Deutschen Mystik des XIV und XV Jahrhundert*(Jena: 1912), p. 7.

이런 근원적인 관념들에서 예술적 과정에 대한 새로운 시각이 떠오른다. 우리가 신비주의 심리학과 삼위일체의 신학으로부터 관념들을 통해 추정한다면, 더 이상 중세적이지 않은 것, 즉 미학 내에서 우리 자신의 세계와 비슷한 새로운 방향의 싹을 찾아낼 수 있을 것이다.

4.

이론가들이 이런 문제들과 싸우고 있는 동안 예술가들은 이미 자신들의 중요성을 인식하고 있었다. 예술가들에게 겸손한 태도와 겉으로라도 익명으로 남고 싶어 하는 소망을 갖도록 만드는 사회적, 종교적, 심리학적 요인들이 있기는 했지만, 사실 예술가의 중요성에 대한 인식이 중세 시대에 없었던 것은 아니었다.

중세 초기에는 생갈St. Gall 수도원에서 예술가로서 생애를 마쳤던 전설적인 수도사인 투오틸로Tuotilo에 대한 존경심이 널리 퍼져 있었다. 그는 만능 예술가로 알려졌다. 잘생기고 설득력 있으며 듣기 좋은 음성을 지녔고, 플루트와 오르간 연주에 능했으며, 뛰어나게 말 잘하는 연설가이면서 조형 예술에도 능숙했다. 간단히 말해 그는 카롤링거 왕조 시대의 인간적, 인문주의적 이상이었던 셈이다. 아벨라르는 같은 유의 사고방식에 대한 증인이다. 그는 아들인 아스트롤라비우스Astrolabius에게 〈죽은 자는 시인들의 작품들 속에서 산다〉고 쓴 바 있다. 시인과 예술가들에게 주어진 명예를 증언해 주는 무수히 많은 자료들이 있다.

그러나 이런 것이 표현된 방식들은 기이하게 나타나곤 했다. 예를 들면 생뤼프Saint-Ruf의 수도사들이 한밤중에 아비뇽에 있는 성모단의 교단 회원들이 빈틈없이 지키며 보호하던 한 젊은 화가를 유괴해 온 사건이 있었다.[27] 사실 이런 종류의 일은 예술을 경시하는 것으로서, 예술가들을 이용할 수 있고 교환 가능한 대상으로 생각했던 경향을 보여 준다. 이런 경향은 신앙과 공동체에 겸손하게 헌신하는 사람으로서의 중세 예술가의 이미지를 조장했는데, 이는 자신의 독창성에 대해 과장되게 확신하던 르네상스 예술가와는 매우 다르다.

스콜라 철학의 예술 이론은 예술을 철저하게 객관주의적으로 파악했기 때문에 예술가가 자신의 작품에 개인적인 인상을 남긴다는 것을 무시하여 그런 겸손한 이미지를 유지시켜 주었다. 뿐만 아니라 〈기계적인〉 예술을 경시하는 경향도 널리 퍼져 있었다. 그 결과, 건축가와 조각가들은 개인적인 명성을 얻지 못했다. 조형 예술가들의 작품은 도시적이고 건축적인 구성의 맥락에서 이루어졌고 팀의 한 부분이었기 때문에 그들이 개인적으로 남긴 것이라곤 종석keystone에 새겨진 이름의 첫 글자 정도가 고작이다. 굳이 자료 제공자에 대한 감사의 말을 읽으려 하지 않는 사람에게는 영화가 어느 정도 익명의 작품으로 취급되는 오늘날의 상황도 그와 다르지 않다. 그들은 플롯과 주인공은 기억하지만 제작자에게는 관심이 없는 것이다.

그러나 시인들은 조금 달라서 일찍부터 중요성을 충분히

---

27 Victor Mortet, p. 305 참조.

평가받았다. 〈기계적인〉 예술들은 아주 유명한 건축가의 이름들만 우리에게 남겨 주었지만, 시의 경우에는 문체와 사상에 있어 자신의 독창성에 대해 잘 인식하고 있는 확실한 저자가 있었다. 이에 대해서는 스코틀랜드인 조지프Joseph the Scot, 오를레앙의 테오둘프Theodulf of Orleans, 발라프리트 스트라보Walafrid Strabo, 베르나르 실베스테르, 비테르보의 조프리Geoffrey of Viterbo 등 많은 증거가 있다. 11세기부터 시인들은 작품이 영원히 살아남는 수단이 된다는 것을 잘 알고 있었다. 〈아르스 ars〉라는 용어가 일차적으로 논리학과 문법을 지칭하기 시작한 것도 이 무렵이었는데, 이것들은 그때부터 솔즈베리의 존의 시대에도 여전히 살아 있는 가르침이 되었던 문필가의 연구를 대신하기 시작했다. 그러나 작가들은 자신들의 중요성을 한층 강조함으로써 이렇게 관심이 줄어드는 데 대해 반응을 보였다. 예를 들어 장 드 묑은 출생의 고귀함도 문필가의 고귀함에다 대면 아무것도 아니라고 말했을 정도였다.

그래서 삽화가들은 언제나 수도사들이고 장인들은 길드에 소속된 작인(作人)들이었지만, 신세대 시인들은 언제나 귀족 사회의 생활에 빠져 있고 자신의 집안이 명예를 얻는 궁정 시인들이었다. 시인은 신을 위해 일하지 않고 공동체를 위해 일했다. 시인은 다른 사람들이 그를 좇아서 완성하게 되는 그런 작업을 하지 않았다. 그는 학식 있는 사람들의 인정을 바라고 일하지 않았다. 그가 원했던 것은 빠른 출세와 개인적인 명성의 영광이었다. 삽화가들은 랭부르 형제들처럼 왕가를 위한 일을 할 때조차 익명으로 되어 있었다. 일반 사람들이 그들을 개인으로 이야기하기 시작한 것은 화가들이 13세기 이후 이탈리아에서 그랬듯이 일상생활 중에 작업실에서 일하기 시작하던 때에 와서야 비로소 가능해진 일이었다. 그들이 자신들을 개별화하고 구분 짓는 관심의 초점이 되었던 것이다.[28]

예술가의 개인적 자부심 또한 자신의 작품이 개인적이고 독창적인 것이라는 신념에 전적으로 기초하고 있는 것도 아니었다. 〈이것임〉의 개념이 잠재되어 있음에도 불구하고 그러한 신념이 철학으로부터 이론적인 지지를 전혀 받지 못했기 때문이다. 르네상스와 매너리즘 시대까지, 그것은 기껏해야 혼란된 믿음에 지나지 않았고 명확하지도 않았다.

---

28 중세 예술가의 환경 및 자의식에 관해서는, ET, II, pp. 406~420; E. R. Curtius, pp. 485~486; Arnold Hauser, I, pp. 244~252 참조.

결론

1.

중세 미학은 반복과 역류, 때로는 경계선상의 의미를 담은 논법으로 가득 차 있었지만 거기에는 전체적으로 일정한 방향이 있었다. 중세 시대가 미학 이론에서조차 고전 시대와 르네상스의 연결 고리 역할을 했다는 것을 잊어서는 안 된다. 중세 시대는 그들 고유의 시각으로 수정한 예술적 전통을 근대에 전해 주었다.

중세의 예술적 전통은 로마 제국 멸망 이후의 불안과 무질서에 대한 반응으로 등장한 피타고라스의 수의 미학으로 시작하여, 예술의 가치와 고전 시대로부터 물려받은 미를 염두에 둔 카롤링거 왕조 시대의 인문주의적 미학으로 옮아갔다. 그 후 정치적 질서가 안정되면서 세계에 대한 신학적 체계화가 진행되었다. 서기 천 년의 위기가 지나가자마자 미학은 우주적 질서의 철학이 되었다. 이것은 카롤링거 왕조 시대 이전의 암흑기에도 이미 풍요로웠고 성숙되어 있었던 북서 지방의 문화를 대표하는 에리우게나의 영향 덕분이었다. 그러고 나서 전 유럽은 〈교회라는 흰 덮개〉로 덮여 있었고, 십자군은 중세인들의 애향심을 자극했다. 지역 간의 전투는 그들에게 새로운 시민 의식을 주었으며, 철학은 자연의 신화 앞에 문을 개방했다. 사람들은 자연물에 대해 좀 더 세밀한 지식을 습득하기 시작했으며, 그러는 가운데 미는 이상적 질서를 담은 성격에서 구체적 개별체의 성격으로 변화해 갔다. 그리스도의 신체적 추함을 주장한 오리게네스Origenes와 그리스도를 예술적 이미지들의 눈부시도록 아름다운 원형으로 만든 13세기의 신학자들 사이에는 그리스도교적 에토스의 성숙과 지상의 사물들에 관한 신학의 탄생이 있었다. 성당들은 만물이 적재적소에 놓여 있는 『신학 대전』의 세계를 표현했다. 말하자면 신과 그의 천사들, 수태 고지와 최후의 만찬, 죽음, 인간의 솜씨, 악마 자신 등 모두가 그들을 헤아려 창조의 실질적 확신이라는 원 속으로 끌어들이고 나름의 형식으로 표현된 하나의 질서 속에 포함시켰던 것이다.

중세 문명의 정점에서는 사물의 영원한 본질을 정확하게 규정하려는 시도가 이루어졌다. 미도 마찬가지였다. 문제는 그 작업이 세속화의 시기를 거치긴 했지만 영원한 영역에 초점이 맞추어진 인문주의에 계속 확신을 가지고 있었다는 점이다. 그래서 철학자들이 여전히 본질에 몰두하고 있는 동안, 본질이 이미 변화시켜 버린 경험과 과학의 눈앞에 미가 나타났다. 체계적인 이론은 당연히 실천적인 생활의 소요와 긴장에 비해 뒤처지게 마련이었다. 중세인들은 정치적, 신학적 질서에 대한 자신들의 이미지를 완성시켰는데, 그때는 바로 그 질서가 민족주의, 지방어, 새로운 종류의 신비주의, 사회적 압력, 이론적 회의 등으로 위협받고 있던 때였다. 스콜라 철학 ——『신학 대전』이 곧 헌법이고, 성당이 백과사전이며, 파리 대학이 수도가 되는 보편적인 가톨릭 국가의 이념 —— 은 일정한 지점에서 세속주의의 시, 즉 파리의 〈야만인들〉에 대해 경멸을 표현했던 페트라르카, 이단의 소동, 근대의 경신 *devotio moderna* 등에 직면해야 했다.

성당의 세계에는 고통과 당황을 위한 자리는 없었다. 그러나 심지어 사탄조차도 자리가 있었다. 이제 세계는 근본부터 흔들리고 있었다. 장 제르송 Jean Gerson의 비탄에서 히에로니무스 보슈 Hieronymus Bosch로 넘어가는 것이다. 신학적 상징들은 무서운 유령이 되고 악마는 황량한 위협이 되었다. 스콜라 철학의 미학은 이제 쇠퇴한 북부의 중세주의와 이탈리아에서 탄생한 새로운 세계 —— 플라톤주의와 마술이 비가시적인 것에 대해 새로이 설명해 준 세계 —— 양자 모두에 부적합했으며, 인문학은 인류에게 다른 유형의 확신과 보증을 제공해 주었다.

2.

스콜라 미학은 자체의 한계 내에서 주변 세계의 성향과 감수성에 대응했다. 리글 A. Riegl은 고전 후기의 예술에 관한 연구 속에서 한 시대의 미학 이론들은 그 시대의 예술 의지 *Kunstwollen*를 나타내는 표징임을 보여 주었다.[1] 즉 예술의

---

1 A. Riegl, *Spätrömische Kunstindustrie* (Wien: 1901).

형식적 성격은 동시대인들의 이론적인 의식 속에 반영되어 있다는 것이다. 한정되긴 했지만 나는 중세 미학의 어디에서 그런 경우가 발생했는지 보여 주고자 노력했다.

그러나 중세 미학에서 채택된 여러 가지 공식들이 너무나 일반적이고 그 맥락이 논리적으로 너무 완벽해서 전부가 아니면 아무것도 나타낼 수가 없다는 점에 유의하지 않을 수 없다. 미에 대한 중세의 철학은 마치 유리판으로 예술적 실천과 단절된 것 같아 보인다. 한편으로는 미가 무엇이어야 한다는 것에 대해 기하학적으로 합리적인 도식이 있었지만, 다른 한편으로는 형식과 의도의 변증법과 더불어 중재되지 않은 예술의 삶이 있었던 것이다. 중세 미학의 언어적 표현과 이상주의가 바로 그 시대의 이중적인 정신, 즉 당위의 이론과 삶의 모순 사이의 계속된 긴장을 표현한 것임을 살펴보았다. 그것은 중세의 가치 통합을 무효화하는 것이 아니라 오히려 이 통합 자체의 역설적인 성질을 구성하는 이중성이었다. 가장 극단적인 잔인성과 사악함을 대중화하고, 그러면서도 신앙의 계율에 따라 신에 대한 믿음에서는 굳건하며, 놀랍도록 쉽고도 솔직하게 부정했던 도덕적 이상을 추구함에서는 신실하게 살았던 시대였던 것이다. 오늘날에는 그들을 다소 비판적으로 되돌아본다. 중세 문화의 모순된 면들을 주목하는 것이다. 일반적인 정설 내에서는 엘로이즈Héloise와 초서Chaucer의 인물들, 보카치오Boccaccio와 질 드 레Gilles de Rais를 화해시킬 수가 없다. 그러나 중세인들은 신앙과 희망의 모순을 극복하면서 수렴과 통일의 지점들을 강조하려는 경향을 가지고 있었다. 그들의 모든 사고와 마찬가지로 그들의 미학도 최적의 종합을 표현했다. 그들은 신의 눈으로 세계를 보았던 것이다.

중세 미학을 정확하게 재구성하는 것은 나름대로 중요하다. 또 중세 미학의 일반성과 엄격함은 오늘날에도 읽을 만한 가치가 있다. 몇몇 성격에 대해서는 일치를 보지 못하지만 형식적 범주 몇 가지는 신선한 통찰력의 원천이 될 수가 있다. 그 예는 무한과 미래의 최전방에서 싸웠던 한 현대인, 즉 제임스 조이스의 경우에서 이미 찾아볼 수 있었다.[2] 중세 미학은 그리스의 전통과 더불어 새로운 칼로카가디아의 이상을 제시하고 이성의 조화 감각을 창조할 능력이 있다. 이것은 이미 듀이와 같은 자연주의적 철학자들에게 일어난 일이다.[3] 중세 미학은 고전의 예술 개념과 현대의 예술 개념을 결합하는 방법을 지시할 수가 있다.[4] 같은 시기의 동양 사상과의 유사성도 확연히 드러난다.[5] 중세 미학은 예술 개념을 구성적이고 기술적인 것으로 여기므로 낭만주의 후기 미학의 전형인 오르페우스적인 것에 대한 해독제 구실을 할 수도 있다. 또 중세 미학은 엄숙성과 합리성을 위해 전념하는 비판적 방법들을 격려할 수도 있다.[6] 사실 중세 미학을 날카롭

---

[2] Umberto Eco, *The Aesthetics of Chaosmos — The Middle Ages of James Joyce*(Tulsa: 1982); Hugh Bredin, "Applied Aquinas: James Joyce's Aesthetics", in *Éire-Ireland*, III(Spring: 1968), pp. 61~78.

[3] John Dewey, *Art as Experience*(New York: 1934).

[4] 그 좋은 예로 Jaques Maritain, *Creative Intuition in Art and Poetry* (London, 1953)가 있다.

[5] Ananda Coomaraswamy, *The Transformation of Nature in Art* 참조.

[6] 아리스토텔레스주의와 중세 수사학의 여러 요소들이 시카고 비평 학파에게서 나타난다. R. S. Crane, ed., *Critics and Criticism*(Chicago: 1952) 참조.

게 해석하는 사람이라면 누구든지 무언가를 배울 수 있다. 그 이유는 중세 미학이 다른 시대의 미학보다 더 나은 문명의 표현이어서가 아니라, 우리가 지금 현재를 위한 가르침을 발견하고자 할 때 과거의 어느 문명, 어느 가르침이라도 가치를 가지고 있기 때문이다.

참고 문헌

문헌적 출처

중세 미학의 문헌적 출처는 넓은 의미에서 중세 철학의 문헌적 출처와 동일하다. 물론 몇몇 시학 저술과 과학 저술들도 상관이 있긴 하지만 말이다. 이 부분에서는 가장 중요한 문헌들만을 실었는데, 내가 인용한 대부분의 텍스트들이 여기에 속한다.

ALBERTUS MAGNUS
De Pulchro et Bono, in St. Thomas Aquinas, *Opera Omnia*, vol. VII, pp. 43~47.

ALEXANDER OF HALES
Summa Theologica(Firenze, 1924, 1928, 1930, 1948).

BAUMKER, CLEMENS
Witelo(Münster, 1908).

BONAVENTURA, ST.
Opera Omnia(Firenze, 1902).

CENNINI, CENNINO
Il libro dell'arte, edited by Daniel V. Thompson(New Haven, 1932); *The Craftsman's Handbook*, translated by Daniel V. Thompson(New Haven, 1933).

CONRAD OF HIRSCHAU
Dialogus Super Auctores, edited by G. Schepss(Wurzburg, 1889).

DE COUSSEMAKER, E.
Scriptorum de Musica Medii Aevi, 4 vols.(Hildesheim, 1963; 1st pub. Paris, 1864~1867).

FARAL, EDMOND
Les arts poétiques du XIIe et du XIIIe siècle(Paris, 1924).

GERBERT, MARTIN
De Cantu et Musica Sacra a Prima Ecclesiae Aetate usque ad Praesens Tempus(St. Blasien, 1774).
Scriptores Ecclesiastici de Musica Sacra Potissimum, 3 vols. (Hildesheim, 1963; 1st pub. St. Blasien, 1784).

HALM, C.
Rhetores Latini Minores(Leipzig, 1863).

HOLT, ELIZABETH G.
A Documentary History of Art, 2 vols.(New York, 1957; 1st ed. Princeton, 1947), vol. I.

MIGNE, J. P.
Patrologiae Cursus Completus. Series Latina (Paris, 1844~1890).

MONTANO, ROCCO
L'estetica nel pensiero cristiano, in *Grande Antologia Filosofica*(Milano, 1954), vol. V, pp. 151~310; texts in pp. 207~310.

MORTET, VICTOR
Recueil de textes relatifs à l'histoire de l'architecture, XIe-XIIe siècles(Paris, 1911).

MORTET, VICTOR AND DESCHAMPS, PAUL
Recueil de textes relatifs à l'histoire de l'architecture, XIIe-XIIIe siècles(Paris, 1929).

PELLIZZARRI, A.
I trattati intorno alle arti figurative in Italia e nella penisola iberica dall'antichità classica al Rinascimento(Napoli, 1915), vol. I.

POUILLON, HENRI
'La Beauté, propriété trancendentale chez les scholastiques', *Archives d'histoire doctrinale et littéraire du Moyen Age*, XXI (1946), pp. 263~329.

GROSSETESTE, ROBERT
On Light, translated by Clare C. Riedl(Milwaukee, 1942).

SUGER
De Rebus Administratione Sua Gestis, in Erwin Panofsy, *Abbot Suger on the Abbey Church of St. Denis and its Art Treasures*(Princeton, 1946).

THEOPHILUS
De Diversis Artibus(Schedula Diversarum Artium), edited and translated by C. R. Dodwell(London, 1961).

THOMAS AQUINAS, ST.
Opera Omnia, edited by Roberto Busa, 7 vols.(Stuttgart, 1980).

VILLARD DE HONNECOURT
Album de Villard de Honnecourt, edited by J. B. A. Lassus and Alfred Darcel(Paris, 1968).

VINCENT DE BEAUVAIS
Speculum Majus(Venezia, 1494).

WILLIAM DURANDUS
Rationale Divinorum Officiorum(Treviso, 1479); Book I translated in J. M. Neale and B. Webb, *The Symbolism of Churches and Church Ornaments* (Leeds, 1843).

보이티우스, 이시도루스, 카시오도루스, 요한네스 스코투스 에리우게나, 앨퀸, 성 빅토르의 위그, 성 빅토르의 리샤르, 알랑 드 릴, 솔즈베리의 존, 기욤 드 콩슈 등의 저술들은 미뉴의 『파트롤로기아 라티나 *Patrologia Latina*』 속에 나올 수도 있다. 13세기 미학의 가장 중요한 텍스트들은 푸이용의 선집 속에 있다. 몬타노의 선집은 매우 넓은 영역에 걸쳐 있으며 미에 관한 철학적 문학이라는 더 큰 분야에서 탁월한 안내자 역할을 해준다. 더구나 그 서문에는 중세 미학에 관해서 그전까지 이탈리아에서 나왔던 가장 가치 있는 연구들 중의 하나가 실려 있다. 이 책과는 달리 몬타노는 단테의 시학과 그 안에 담긴 중세 미학의 여러 동향들 간의 관련성을 광범위하게 섭렵하고 있다.

일반 저술

어떤 미학사라도 중세라는 시대에 대해 일반적인 설명은 하고 있다. 일부 미학사 서적은 중세 문학이나 중세 문화에 대한 부적절한 지식을 담고 있어서 매우 불만족스럽다.

BIONDOLILLO, F.
Breve storia del gusto e del pensiero estetico (Messina, 1924), chapter 2.

BORGESE, G. A.
'Sommario di storia della critica letteraria del Medioevo ai nostri giorni', in *Poetica dell'unità* (Milano, 1952).

BOSANQUET, B.
A History of Aesthetics (London, 1904), chapter 6.

CROCE, B.
Estetica (Bari, 1902); *Aesthetic*, translated by Douglas Ainslie (London, 1909), Part II, chapter 2.

GILBERT, K., AND KUHN, H.
A History of Esthetics, second edition (London, 1956), chapter 5.

SAINTSBURY, G.
A History of Criticism and Literary Taste in Europe, 3 vols. (Edinburgh, 1900~1904), vol. I, Book 3.

ZIMMERMAN, R.
Geschichte der Aesthetik als Philosophische Wissenschaft (Wien, 1858).

지금까지 열거한 저술들 중 가장 자극적인 것은 세인츠버리의 것이다. 크로체와 보상케는 자신들의 관념론으로 말미암아 중세적 문제들의 참된 성격을 보지 못하고 있다. 잘 알려져 있는 중세 미학에 대한 크로체의 평가는 미학을 서정적 직관의 철학과 동일시할 때에만 타당한 것인데, 이는 문제를 혼란스럽게 만드는 역사적 연구 수행 방식이다. 길버트와 쿤의 연구는 결과도 좋고 통찰력을 보이는 부분들이 있지만, 불행히도 거의 전적으로 2차 문헌에 의존하고 있다.

다음의 저술들은 상당히 뛰어난 것들이며 실제로 근본적인 문제를 다루고 있다.

CURTIUS, E. R.

European Literature and the Latin Middle Ages(London, 1953).

DE BRUYNE, EDGAR

Etudes d'esthétique médiévale, 3 vols.(Bruges, 1946).

L'esthétique du Moyen Age(Louvain, 1947); *The Esthetics of the Middle Ages*, translated by E. B. Hennessy(New York, 1969).

Geschiedenis van de Aesthetica, 5 vols.(Anvers, 1951~1955).

DE WULF, M.

L'œuvre d'art et la beauté(Louvain, 1920); *Art and Beauty*, translated by M. Udell(St. Louis, 1950), Appendix.

GLUNZ, H. H.

Die Literarästhetik des Europäischen Mittelalters(Bochum, 1937).

MENÉNDEZ Y PELAYO, M.

Historia de las ideas estéticas en España(Madrid, 1883), chapters 3~5.

MüLLER, W.

Das Problem der Seelenschönheit im Mittelalter(Berlin, 1926).

PANOFSKY, ERWIN

Idea: a Concept in Art Theory(Columbia, 1968; 1st pub. 1924).

SCHLOSSER MAGNINO, J.

Die Kunstliteratur (Wien, 1924); *La letteratura artistica*, translated by F. Rossi, 3rd edition(Firenze, 1964).

Die Kunst de Mittelalters(Berlin, 1926).

중세를 진지하게 다루고 싶다면 드 브륀의 『중세 미학 연구*Etudes d'esthétique médiévale*』가 필수적이다. 이 저술은 귀중한 원문들의 보고이다. 사실 드 브륀이 처음에 의도했던 것도 바로 이것이었다. 동시에 개개의 미학적 관점들을 정확하게 분석한 연구이기도 해서, 맥락을 깊이 짚어 볼 수 있게 한다. 이 책은 미학적 문제들을 깨우쳐 주는 감수성으로 가득 차 있어서 문제점을 강요하지는 않지만 중세 이론들 속에 당대의 관심사들이 담겨 있다는 측면들을 시사하려고 한다. 드 브륀의 1947년 저술은 『중세 미학 연구』를 유용하게 요약한 것인데, 거기에서 저자는 문제들을 각각의 사안별이나 혹은 학파별이 아니라 주제별로 순서를 잡아 놓았다. 이 책에는 문헌 인용이 없기 때문에 참고할 목적으로는 적합하지 않다(각주는 독자에게 『중세 미학 연구』의 해당 인용을 참조하라고 지시한다). 드 브륀의 1951~1955년 저술은 불행히도 언어 문제 때문에 쉽게 접근하기 어렵다. 『중세 미학 연구』는 둔스 스코투스로 끝나지만, 그 책은 중세 후기로 이어지면서 초서, 첸니니, 디오니시우스, 카르투시아누스 등을 다루고 있으며 교부 시대로 거슬러 올라가기도 한다.

드 브륀의 저술들과 비교해서 글룬츠의 연구들은 다소 제한되어 있다. 그는 주로 자기 자신의 예술과 관련해서 시인의 의식에 관심을 갖고 있다. 그는 중세의 문학적 취미의 전개를 추적하며 14세기에 나타난 〈미학적〉 개념의 명확한 현상을 위치 짓는다. 드 브륀은 글룬츠를 평하면서 중세 미학은 언제나 다양한 경향들이 동시에 나타났다는 특징을 갖고 있으므로 미학적 경향의 전개에 따라 역사적 시대를 구분하는 것은 위험하다고 이의를 제기했다. 그렇지만 예술적 자의식의 문제를 연구하고자 할 경우 글룬츠의 저술들 같은 연구가 필요하다는 것은 의심의 여지가 없다.

슐로서 마니노의 저술들은 가장 방대하며 잘 정비된 문헌이다. 또 중세 시대를 다룬 그의 연구에는 예술 이론 및 고전적 전통을 가진 미학과의 비교에 대한 유용한 설명들이 풍부하게 다루어져 있다.

쿠르티우스는 유럽의 문학 문화에 집중되어 있었던 중세 라틴 문화의 여러 요소들, 즉 주된 요점, 원형, 수사적 전략 등을 파헤친다. 여러 장에서 그리고 특히 많은 부록에서 미학의 여러 문제들을 다루고 있다. 부록에서는 다음 세기들에서 발전되어 나가는 개념들에 특별한 관심을 보이고 있다.

메넨데스 이 펠라요는 스페인, 아랍, 유대 문화권의 문헌들과 이론들을 다룬다. 파노프스키의 『이데아』는 예술적 〈이데아〉 개념의 역사에 대한 생기 있는 전문적 논문이다. 이 논문은 르네상스와 매너리즘 시대에 대해서는 풍부하고 심오하게 다루지만, 중세 시대에 대해서는 쓸모가 덜하다. 파노프스키는 이탈리아어 번역본(1952)의 서문에서 1924년 드

브로인의 책과 저술들을 접하지 못했다는 한 가지 이유로 이 책이 폐기될 것으로 생각했다고 말했다. 그럼에도 불구하고 그의 책은 여전히 쓸모가 많고 통찰력이 풍부한 저술이다.

중세 문화와 미적 감수성에 관한 저술들

여기 인용된 저술들은 미학을 직접 다루지는 않지만 중세의 정신을 이해하는 데 도움이 되는 것들이다. 아름다운 것에 대한 철학적 연구들을 제대로 해석하려면 그 문명과 문화를 명료하게 이해해야 한다.

CHAILLEY, J.
Histoire musicale du Moyen Age(Paris, 1950).

COULTON, G. G.
Medieval Panorama(Cambridge, 1938; 2nd edition New York, 1955).

DVORAK, M.
Idealismus und Naturalismus in der Gotischen Skulptur (Munchen, 1928); *Idealism and Naturalism in Gothic Art*, translated by Randolph J. Klawiter(Notre Dame, 1967).

FICHTENAU, H.
Das karolingische Imperium(Zurich, 1949); *The Carolingian Empire*, translated by Peter Munz(Oxford, 1957).

FOCILLON, H.
Art d'Occident(Paris, 1938); *The Art of the West*, translated by Donald King, 2 vols.(London, 1963).
L'an mil(Paris, 1952).

GILSON, E.
L'esprit de la philosophie médiévale(Paris, 1932); *The Spirit of Medieval Philosophy*, translated by A. Downs(New York, 1936).
Les idées et les lettres(Paris, 1932).
Héloïse et Abélard(Paris, 1938).
La philosophie au Moyen Age(Paris, 1944).

GREGORY, TULLIO
Anima Mundi(Firenze, 1955).

GUZZO, A.
Studi d'arte religiosa(Milano, 1932).

HASKINS, C. H.
The Renaissance of the Twelfth Century(Cambridge, Mass., 1927).

HAUSER, ARNOLD.
The Social History of Art, 2 vols.(London, 1951).

HUIZINGA, J.
The Waning of the Middle Ages(Harmondsworth, 1965).

KRESTOWSKY, L.
La laideur dans l'art à travers les âges(Paris, 1947).

LANGLOIS, C.
La connaissance de la nature et du monde, d'après les écrits français à l'usage des laïcs(Paris, 1927).

MALRAUX, A.
Les voix du silence(Paris, 1951); *The Voices of Silence*, translated by Stuart Gilbert(London, 1954).

MONTANO, R.
'Introduzione ad un'estetica del Medioevo', *Delta*, V(1953), pp. 59~67.

MUMFORD, L.
The Condition of Man(New York, 1944), chapters 3 and 4.

NULLI, S. A.
Erasmo e il Rinascimento(Torino, 1955).

PARÉ, G.
Les idées et les lettres au XIIIe siècle(Paris and Montreal, 1947).

PARÉ, G., BRUNET, A., AND TRAMBLAY, P.
La Renaissance du XIIe siècle(Ottawa, 1933).

TAYLOR, H. O.
The Medieval Mind, 2 vols.(London, 1911).

VALENTINI, R. AND ZUCCHETTI, G.
Codice topografico della città di Roma, 4 vols.(Rome, 1940, 1954),

vol.III(which includes a critical edition of *Mirabilia Urbis Romae*).

WEYMANN, U.
Die seusesche Mystik und ihre Wirkung auf die bildende Kunst(Berlin, 1938).

WORRINGER, W.
Formproblem der Gotik(Munchen, 1930); *Form in Gothic*, edited by Herbert Read(London, 1957).

질송의 저술과 같은 책들은 중세의 감수성을 이해하는 데 필수적이다. 엘로이즈와 아벨라르에 관한 그의 책은 중세 인문주의를 규정하는 문제에 대한 탁월한 안내서이다. 박학하고 라틴어 인용이 풍부하며 이야기의 생명력과 매력이 넘쳐 나서 독자로 하여금 중세인에게서 열린 인간성 — 현대적 의미로, 미적 관심사의 근본적인 전제 조건이 되는 인간성 — 을 볼 수 있게 한다. 대조를 위해서 에라스무스에 관한 눌리의 책을 인용했다. 에라스무스라는 르네상스 인물을 살펴보면 중세인과는 첨예하게 대조를 이루는 것을 알 수 있다. 그러나 그것은 관습적인 중세인이다. 눌리의 저작은 이미 질송 및 다른 이들에게 심한 혹평을 받은 바 있는 일종의 반중세적 입장을 표현한 것이다. 눌리는 중세 인문주의의 복권에 저항하고자 했지만 거기에는 그가 나눈 중세 정신과 르네상스 정신 간의 참된 구분을 손상시키는 신랄함이 있었다.

하우저는 중세 시대에 사뭇 다른 종류의 풍요로움과 소동이 있었음을 깨닫는다. 그는 진보적 마르크스주의자의 시각을 가졌으며, 예술적 현상들, 예술 이론들, 사회 경제적 〈토대〉 간의 관계에 대해 탁월하게 분석한다. 그의 저술은 일반적인 스타일로 쓰여 있으나 견고한 박식함에 기초하고 있으며 드보르작과 같이 한층 심오한 연구들의 반향이 느껴진다(하우저는 사실 드보르작의 제자였다).

테일러는 매우 명료하고 설명을 잘하며 인용을 많이 한다. 그는 철학자, 백과전서가, 신비주의자, 음유 시인 등 중세 예술 문화의 다양한 면모들을 다루고 있다.

포시옹의 『서구의 예술*Art d'Occident*』은 중세 문화 전체의 표현이자 서구 정신의 독창적이고 고양된 창조물로서의 중세 조형 예술에 관한 감동 넘치는 연구이다. 그의 『서기 천년*L'an mil*』은 우리 시대의 천 년 속에 존재하는 새로운 인문주의 정신의 부흥을 명료하게 설명해 주고 있다. 피히테나우는 그 나름의 분명한 성격을 가지고 있지만 카롤링거 왕조 시대의 문명 속에 이미 존재했던 인문주의에 대해 서술한다. 멈포드는 중세적 감수성의 전개에 대해 편견 없이, 그리고 빈틈없이 설명한다. 내가 하위징아를 인용한 횟수를 보면 내가 그를 얼마나 효율적으로 생각하는지를 알 수 있다. 그의 연구 영역은 14~15세기의 부르고뉴 문명으로 한정되어 있다. 그의 역사 개념은 〈놀이〉와 양식화로서의 문화 개념과 함께 그의 해석이 불완전하다는 것을 드러내지만, 그의 저술은 최고의 관심 대상이며 풍부한 참고 문헌을 담고 있다. 중세 시대가 쇠퇴할 무렵에는 이전 세기들에 대한 이해에 밀접한 관련이 있는 삶의 방식과 사상에 장엄과 정신적 고통이 드러난다. 그 자체의 가능성과 한계를 드러내기 때문이다.

『놀라운 도시 로마 Mirabilia Urbis Romae』는 중세인들의 예술 고고학적 감수성에 대한 정보를 제공해 준다. 크레토프스키는 부분적으로 순수하고 낙관주의적인 미의 철학에 반대하는 듯이 보이는 추의 의식을 서술하고 있다. 물론 보나벤투라처럼 추를 형식적으로 정당화하려 했던 사상가들이 그러한 현상들에 타당성을 부여하려 시도한 적이 있긴 했지만 말이다. 바이만은 중세 후기 예술에 대한 신비주의의 영향을 고려하면서 중세 후기의 〈표현주의적인〉 순간들을 강조한다.

말로는 다소 비체계적이며 문헌 참조 목적에는 적합하지 않다. 그러나 그는 고딕 예술과 중세의 미적 경험의 심리학에 대해서 흥미로운 설명을 한다.

12세기의 문화적 부흥을 다룬 그레고리의 저술은 12세기의 신학과 시에서 비롯되어 나온 자연에 대한 새로운 철학적 개념에 특별한 관심을 표한다. 샤예는 음악의 이론과 실제에 관련된 미적 감수성의 전개를 다루고 있다.

음악적 질서의 미학과 미학적 비례의 미학에 관하여

여기에서는 중세 예술의 수학적, 음악적 측면들과 거기에 상응하는 미학 이론들을 다룬 저술들을 소개하겠다.

ABERT, J. J.
Die Musikanschauung des Mittelalters und ihre Grundlagen(Leipzig, 1905).

ALLERS, R.
'Microcosmus from Anaximandros to Paracelsus', *Traditio*, II(1944), pp. 319~407.

BALTRUŠ AITIS, J.
'Le style cosmographique au Moyen Age', *IIe Congrès d'esthétique et de science de l'art*(Paris, 1937), vol. II.

COMBARIEU, J.
Histoire de la musique(Paris, 1910), vol. I.

GHYKA, M.
Le Nombre d'Or: rites et rythmes pythagoriciens dans le développement de la civilisation occidentale, 2 vols.(Paris, 1931.)

IRTENKAUF, W.
'Der *Computus ecclesiasticus* in der Einstimmigkeit des Mittelalters', *Archiv für Musikwissenschaft*, XIV(1957), pp. 1~15.

PANOFSKY, ERWIN
Gothic Architecture and Scholasticism(London, 1957).
'The History of the Theory of Human Proportions as a Reflection of the History of Styles', in *Meaning in the Visual Arts*(Harmondsworth, 1970).

RÉAU, LOUIS
'L'influence de la forme sur l'inconographie de l'art médiévale', in *Formes de l'art, formes de l'esprit*, by various authors(Paris, 1951).

SILVA-TAROUCA, A.
Thomas heute(Wien, 1947).

SIMSON, O. VON
'Wirkungen des christlichen Platonismus auf die Entstehung der Gotik', in *Humanismus, Mystik und Kunst in der Welt des Mittelalters*, edited by J. Koch(Leiden, 1953).
The Gothic Cathedral(New York, 1956).

중세의 음악 이론을 연구할 때에는 비례의 개념에 특별한 주의를 기울여야 한다. 파노프스키와 심슨은 중세의 조형 예술을 비례 이론의 원천이자 구현체로 본다는 점에서 특히 흥미롭다. 파노프스키는 비잔틴, 중세 라틴, 이집트, 그리스, 르네상스 예술의 실제와 법칙상에서 여러 가지 비례 개념의 다양한 형식들을 분석한다. 그는 『시각 예술에서의 의미』에서 중세의 비례 개념을 유달리 좁게 규정한다. 사실상 그는 비례 개념을 형이상학적 미와 연관짓는 철학적 개념의 비례는 언급하지 않고 구체적 사례들로부터 정의를 이끌어 낸다.

심슨은 스콜라 철학적 개념의 질서와 관련지어 고딕 건축의 기원을 살핀다. 그는 종교적 경험과 세계에 대한 특별한 시각이 구조의 형식과 테크닉에 영향을 미치는 사례들을 밝힌다. 예를 들어 샤르트르 성당은 샤르트르 학파의 플라톤주의를 반영한 것이다. E. 레비는 『고딕 성당』의 부록에서 비트루비우스와 음악 이론들을 빈번하게 언급하면서 샤르트르 성당의 뾰족탑에 사용된 비례를 연구한다. 질서라는 미학적 개념이 중세 형이상학의 거의 모든 것에 스며들어 있었다. 실비 타루카는 비록 아름다운 것에 대해 명백하게 밝히진 않았지만 토마스 아퀴나스 미학에서 질서 개념의 역할을 살펴보고 있다.

상징과 알레고리

이미 인용된 많은 저술들, 예를 들면 드 브뢴과 하위징아 등의 저술에는 중세의 상징 및 알레고리에 관한 중요한 논의들이 담겨 있다. 여기에는 좀 더 전문적인 연구서들을 인용하겠다.

ALVERNY, M. M.
'Le cosmos symbolique du XIIe siècle', *Archives*, XX(1953), pp. 31~41.

BALDWIN SMITH, E.
Architectural Symbolism of Imperial Rome and the Middle Ages (Princeton, 1956).

BALTRUŠ AITIS, J.
Le Moyen Âge fantastique(Paris, 1955).

COMPARETTI, D.
Vergil in The Middle Ages(London, New York, 1895).

DUNBAR, H. F.
Symbolism in Medieval Thought(New Haven, 1929).

HUYSMANS, J. K.
La Cathédrale(Paris, 1937).

MÂLE, E.
L'art religieux du XIIe siècle en France, 4th edition(Paris, 1941): *Religious Art in France*, translated by Marthiel Matthews(Princeton, 1978).

RÉAU, L.
Iconographie de l'art chrétien, 3 vols.(Paris, 1955~1959), Introduction.

중세의 알레고리적 저술들은 그것들의 의도와는 다르게 읽힐 수 있다. 그렇게 되면 중세 정신성의 중요한 국면에 부여한 모든 의미들 때문에 건축 해석학이 사변적인 의미망 속에서 헤맬 수 있다. 볼드윈 스미스는 중세 건축을 천상적이면서 제국적인 상징-우주적 연합체로 보는데, 거기서의 아치와 둥근 지붕은 정치적 주도권을 의미한다. 그래서 카롤링거 왕조 시대의 건축은 교회에 대한 국가의 우월성을 주장하려 했으며, 샤르트르 성당 현관의 뾰족한 꼭대기는 제국주의를 지지하는 대수도원장직의 정치학을 시사하는 것이다. 여기서 예술 형식에 대한 엄격하고도 실용적인 사회학적 해석은 무너져서 비밀스럽고도 손쉬운 것이 되었다. 질서가 없고 낭만주의적인 위스망의 저술도 같은 경우이다. 그렇지만 그는 원전들을 세기말적 퇴폐의 관점에서가 아니라 중세인들의 백과사전적 정신을 재구성하기 위해 사용한다는 점에서 흥미롭다.

조형 예술에 관한 말Mâle의 연구는 중요성, 균형, 가치에서 전적으로 다르다. 그 외 저술들은 중세 조형물에 대한 기계학 및 알레고리적 개념의 문화적 심리학을 이해하는 데 꼭 필요하다. 말은 중세 예술을 해석할 때 너무 엄격하게 신학적이라는 비난을 받곤 했다. 그러나 모든 비판적 관점에는 그 나름대로 특별하게 강조하는 것과 배제하는 것들이 있다는 점을 부인할 수는 없다. 말은 교회를 최우선적으로 교육적 조형물, 즉 교훈적 의사소통의 형식으로 보려고 한다. 이런 의미에서 그는 〈학습의 대학살〉 후에 비로소 성당을 성서적, 신학적, 과학적으로 완전하게 이해하게 된다. 이런 사회-문화적 가정 없이 중세 교회를 이해하는 데는 한계가 있다는 것이 명백한 사실이다. 순수 가시성의 미학으로는 그 원래의 의도나 참된 성격을 설명할 수 없을 것이다.

또 하나 문헌 정리가 잘된 연구로 레오의 것을 들 수 있다. 사실 그의 연구는 이 주제에 관해서 가장 최근에 나온 저술이다. 그는 여러 가지 상징주의, 즉 우주, 동물, 광물, 식물 그리고 인간 등을 의미 있게 다루고 있다. 지칠 줄 모르고 이상한 것들을 수집하는 발트뤼샤티스는 드물고 신기한 것과 관계가 있다. 다른 저자들이 중세 알레고리즘의 복합적인 창조물로 서술하는 이미지들을 그는 이국적인 영향 때문이라고 말한다. 하위징아는 〈죽음의 무도 *danse macabre*〉를 중세 후기의 감수성이 가장 전형적이면서 독창적으로 표현된 것 중 하나로 보지만 발트뤼샤티스는 그것의 원천이 티베트라고 주장한다.

예술의 이론과 규칙

여기에는 예술, 시론, 수사법 등의 이론들과 중세의 테크닉 편람을 다룬 저술들을 열거했다. 이런 문제들을 다룬 중요한 논의들이 슐로서 마니노, 글론츠, 쿠르티우스 등과 같이 이미 내가 언급한 사람들의 책 속에도 나온다. 예술적 전문 용어의 중세적 개념 분석은 시론이 아니라 철학적 이론을 주제로 다루는 오늘날 연구의 영역을 넘어선다는 것을 염두에 두어야 할 것이다.

BALDWIN SMITH, E.
Medieval Rhetoric and Poetic (New York, 1928).

CHARLAND, T. M.
Artes Praedicandi (Paris and Ottawa, 1936).

FARAL, E.
'Sidioine Apollinaire et la technique littéraire du Moyen Age', in *Miscellanea Marcati* (Vatican, 1946).

FRANCESCHINI, E.
'La Poetica di Aristotele nel secolo XIII', *Atti dell'Istituto Veneto*, 1934~1935.

'Ricerche e studi su Aristotele nel medioevo latino', in *Aristotele nella critica e negli studi contemporanei*, by various authors(Milano, 1956).

GARIN, EUGENIO
Medioevo e Rinascimento(Bari, 1961).

LOUMYER, G.
Les traditions techniques de la peinture médiévale(Paris, 1920).

MAGGINI, F.
La retorica italiana di B. Latini(Firenze, 1913).

MCKEON, R.
'Rhetoric in the Middle Ages', and 'Poetry and Philosophy in the Twelfth Century', in *Critics and Criticism*, edited by R. S. Crane(Chicago, 1952).

ROBERT, S.
'Rhetoric And Dialectic: According to the First Commentary on the *Rhetoric* of Aristotle', *The New Scholasticism*, XXXI(1957), pp. 484~498.

RUGGIERI, R. M.
'Estetica Letteraria del Medioevo', *Cultura Neolatina*, I(1941), pp. 192~212

SCHUHL, P. M.
'Beaux-Arts et Métiers', *IIe Congrès Internationale d'esthétique et de science de l'art*(Paris, 1937), vol. I.

TATARKIEWICZ, W.
'Art et poésie dans le dualisme esthétique des anciens', *IIe Congrès Internationale d'esthétique et de science de l'art*(Paris, 1937), vol. II.

가린이 특별히 흥미롭다. 그는 시인의 자의식 문제를 논하면서 오컴을 유용하게 다루며 스콜라 철학의 와해도 다루고 있다. 매키언의 논문들은 밀도가 있으면서 자료가 잘 정리되어 있다. 프란체스키니는 중세 시대에 있어서 아리스토텔레스 시학의 역사를 탐구한다. 그는 중세의 사상가들이 아리스토텔레스의 예술론을 이용하는 정확한 기준을 확립한다. 중세의 예술 이론은 일반적인 철학적 성격에서는 아리스토텔레스적이지만 실제적인 아리스토텔레스의 미학에 대해서는 잘 모른다는 특수성이 있다. 아베로에스의 몇몇 논평을 제외하면 예술 일반과 순수 예술 혹은 적어도 시 예술 간의 구별을 시사했던 저 유명한 시의 정의에 대해서 중세 시대는 아무것도 모르고 있었던 것이다.

특정 저자와 특정 시기에 관한 연구

아래는 특정 저자들에 관한 저술을 모아 놓은 것이다. 아퀴나스 미학의 경우, 참고 문헌이 방대하며 그 대부분은 중세 미학의 영역보다 넓은 문제들을 다루고 있다. 그러나 나로서는 철저하다고 여겨질 만큼의 목록을 뽑은 것이다.

BADT, K.
'Der Gott und der Kunstler', *Philosophisches Jahrbuch*, LXIV(1956), pp. 372~392.

BARON, R.
'L'esthétique de Hugues de St.Victor', *Les Études Philosophiques*, III(1957), pp. 434~437.

BIZZARRI, R.
'Abbozzo di una estetica secondo i principi della scolastica', *Rivista Rosminiana*, XXIX(1935), pp. 183~196.
'San Tommaso e l'arte', *Rivista di Filosofia Neoscolastica*, XXVI(1934), pp. 88~98.

CALLAHAN, L.
A Theory of Aesthetics According to the Principles of St. Thomas of Aquino(Washington, 1927).

CHIOCCHETTI, E.
San Tommaso(Milano, 1925), chapter 5.

COOMARASWAMY, A. K.
'Medieval Aesthetics: Dionysius the Pseudo-Areopagite and Ulrich Engelberti of Strasbourg', *Art Bulletin*, XVII(1935), pp. 31~47.
'Meister Eckhart's View of Art', in *The Transformation of Nature in Art*(Harvard, 1934).
'St. Thomas Aquinas on Dionysius and a Note on the Relation of Beauty to Truth', *Art Bulletin*, XX(1938), pp. 66~77.

DE MUNNYNCK, M.
'L'esthétique de St. Thomas', in *S. Tommaso d'Aquino*, by various authors(Milano, 1923).

DU WULF, M.
Études historiques sur l'esthétique de St. Thomas d'Aquin (Louvain, 1896).

DYROFF, A.
'Zur allgemeinen Kunstlehre des Hl. Thomas', in *Festgabe zum 70 Geburtstag Clemens Baumker*(Münster, 1923).

ECO, UMBERTO
Il problema estetico in Tommaso d'Aquino, 2nd edition(Milano, 1970).

GILBY, T.
Poetic Experience: an Introduction to Thomist Aesthetics(New York, 1934).

GROENEWOUD, A. VAN
'De schoonheidsleer van der H. Thomas van Aquino', *Bijdragen van Phil. en Theol. Faculteites der Neederlandische Jezuiten*(1938), pp. 273~311.

IMPROTA, G.
Contributo dell'Angelico Dottore San Tommaso alla dottrina ed all'evoluzione del bello e dell'arte estetica(Napoli, 1933).

KOCH, J.
'Zur Aesthetik des Thomas von Aquin', *Zeitschrift für Aesthetik*, XXV(1931), pp. 266~271.

LINGUEGLIA, P.
'Le basi e le leggi dell'estetica secondo San Tommaso', in *Pagine d'arte e di letteratura*(Torino, 1915).

LUTZ, E.
'Die Aesthetik Bonaventuras', in *Festgabe zum 60 Geburtstag Clemens Baumker*(Münster, 1913).

MARCHESE, V.
Delle benemerenze di S. Tommaso verso le belle arti(Genova, 1874).

MAZZANTINI, C.
Linee fondamentali di un'estetica tomista(Roma, 1930).

MELCHIORRE, V.
'Il bello come relazionalità dell'essere in S. Tommaso', in *Arte ed Esistenza*(Firenze, 1956), pp. 215~230.

MERLO, G. M.
'Il misticismo estetico di S. Tommaso', in *Atti dell'Accademia delle Scienze di Torino*, 1939~1940.

MINUTO, T.
'Preludi di una storia del bello in Ugo di San Vittore', *Aevum*, XXVI(1952), pp. 289~308.

MONTAGNE, A.
'L'esthétique de St. Thomas', *Bulletin de l'Institut Catholique de Toulouse*, IIe serie, VI, 1894.

NEMETZ, A. A.
'Art In St.Thomas', *The New Scholasticism*, XXV(1951), pp. 282~289.

OLGIATI, F.
'San Tommaso e l'autonomia dell'arte', *Rivista di Filosofia Neoscolastica*, XXV(1933), pp. 450~456.
'*La simplex apprehensio* e l'intuizione artistica', ibid., XXV(1933), pp. 516~529.
'San Tommaso e l'arte', ibid., XXVI(1934), pp. 90~98.
'L'arte e la tecnica nella filosofia di San Tommaso', ibid., XXVI(1934), pp. 156~165.
'L'arte, l'universale e il guidizio', ibid., XXVII(1935), pp. 290~300.

PANCOTTI, V.
San Tommaso e l'arte(Torino, 1924).

PHILIPPE, M. D.
'Situation de la philosophie de l'art dans la philosophie aristotélico-thomiste', *Studia Philosophica*, XIII(1953), pp. 99~112.

RAYNAUD DE LAGE, G.
Alain de Lille, poète du XIIe siècle(Paris and Montreal, 1951).

RODRIGUEZ, M. T.
'Aspectos da estética carolingia', *Revista Portuguesa de Filosofia*,

XIII(1957), pp. 158~173.

SELLA, N.
Estetica musicale in San Tommaso(Torino, 1930).

SPARGO, E. J.
The Category of the Aesthetic in the Philosophy of St. Bonaventure(New York, 1953).

TAPARELLI D'AZEGLIO, L.
'Delle ragioni del bello secondo la dottina di San Tommaso d'Aquino', 19 articles in *Civiltà Cattolica*, IV(1859~1860).

TEA, E.
'Witelo, prospettico del secolo XIII', *L'Arte*, XXX(1927), pp. 3~30.

THIÉRY, A.
Les Beaux-Arts et la philosophie d'Aristote et St. Thomas(Louvain, 1886).

VALENSISE, P.
Dell'estetica secondo i principi dell'Angelico Dottore(Roma, 1903).

VALLET, P.
L'idée du Beau dans la philosophie de St. Thomas d'Aquin (Louvain, 1887).

VALVERDE, J. M.
'Introducción a la polémica aristotelico-tomista sobre la trascendentalidad metafisica de la belleza', *Revista de Ideas Estéticas*, LII(1955), pp. 305~317.

중세 미학에 관한 자유로운 해석

여기에는 대부분 네오토미즘이나 가톨릭교의 맥락에서 쓰여 그 의도가 역사적이라기보다는 이론적인 저술들을 실었다. 이 저술들은 중세 예술 이론들의 관점에서 여러 가지 문제들과 씨름하며 특별히 아퀴나스의 영향을 받았다. 그러므로 이들은 통상적인 역사 연구의 방편이 못 된다. 그렇지만 이들은 두 가지 면에서 일반적인 역사 연구에 기여할 수 있다. 첫째는 중세 미학 이론의 개체화 및 주석으로서이고, 둘째는 이런 이론들의 면면이 현대적 의미를 포함하고 있다는 것을 논증함으로써이다.

물론 정직한 주석과 독립적 전개를 주의 깊게 구별할 필요는 있다.

ADLER, M.
Art and Prudence(New York, 1937).

BALTHASAR, N.
'Art, esthétique, beauté', *Revue Néoscolastique*, XXXI(1933), pp. 70~116.

CERIANI, G.
'La gnoseologia e l'intuizione artistica', *Rivista di Filosofia Neoscolastica*, XXVI(1934), pp. 285~300.

DEL GAIZO, V.
'Spunti tomistici per un'estetica moderna', *Humanitas*, II(1947), pp. 373~386.

DE WULF, M.
L'œuvre d'art et la beauté(Louvain, 1920); *Art and Beauty*, translated by M. Udell(St. Louis, 1950).

DUFFY, J.
A Philosophy of Poetry Based on Thomistic Principles (Washington, 1945).

FEBRER, M.
'Metafisica de la belleza', *Revista de filosofia*, VII(1948), pp. 91~134.

MARC, A.
'La Méthode d'opposition en ontologie thomiste', *Revue Néoscolastique*, XXXIII(1931), pp. 149~169.
'Metaphysique du Beau', *Revue Thomiste*, LI(1951), pp. 112~133.

MARITAIN, J.
Art and Scholasticism(London, 1930)
'Signe et symbol', *Revue Thomiste*, XLIV(1938), pp. 299~310; 'Sign and Symbol', *Journal of the Warburg institute*, I(1937), pp. 1~11.
'De la connaissance poétique', *Revue Thomiste*, XLIV(1938), pp. 87~98.
Creative Intuition in Art and Poetry(London, 1953).

MERCIER, D.
Métaphysique générale ou ontologie(Louvain, 1910), Part IV, chapter 4.

PLÉ, R.
'Ontologie de la forme', *Revue de Philosophie*, XXXVI(1936), pp. 329~342.

SIMONSEN, V. L.
L'Esthétique de J. Maritain(Copenhagen and Paris, 1957).

TRIAS, M.
'Nota sobre la belleza como trascendental', *Actas del Io Congreso Nacional de Filosofia*(Mendoza, 1949), vol. III.

VANNI-ROVIGHI, S.
Elementi di filosofia(Milano, 1948), vol. II, chapter 5.

WENCELIUS, L.
La Philosophie de l'art chez les néoscolastiques de langue française (Paris, 1932).

마리탱의 『예술과 스콜라 철학』은 성과야 어떻든 간에 중세 철학의 입장에서 표현된 미학의 가능성을 비전문적인 대중에게 드러내 보인다는 장점이 있다. 이 책은 가톨릭교의 영향이 사라진 집단에서 예상치 않은 성공을 거두었으며, 중세 문화에 대해서는 무관심하다. 그중 한 곳이 미국인데, 그곳에서는 아퀴나스적 범주들이 아리스토텔레스적 엄격함의 요구 사항을 충족시켜 준다고 믿는 사람들도 있었다. 마리탱은 한편으로 콕토, 사티, 세베리니, 피카소의 작품들을 정당화시키기 위해 중세 미학을 적용하는가 하면, 다른 한편으로는 미의 초월성과 미학적 〈비지오〉의 본질 같은 문제들을 탐구하기도 했다. 〈미는 보편적 개념들이 화해했을 때의 광휘이다〉 같은 정의들은 급속히 인정받아 갔다. 〈미는 즐거움을 주는 것이다 *pulchrum est id quod placet*〉 같은 표현들은 이것이 마리탱 자신이 만들어 낸 정의라는 것에 신경 쓰지 않거나 어쩌면 그 사실을 알지 못하는 사람들에 의해서 진짜 토마스 아퀴나스의 표현으로 인정되었다.

실제로 아퀴나스가 썼던 표현은 〈미는 보여졌을 때 즐거움을 주는 것이다 *pulchra dicuntur quae visa placent*〉였다. 그 차이는 대단한 것이다. 마리탱의 입장은 미의 모든 존재론적 성격을 단번에 규정하려는 교의적인 시도이다. 반면 아퀴나스의 입장은 사회학적 발견에 더 가깝다. 그것이 의미하는 바는 〈인지되었을 때 즐거움을 주는 사물들은 아름답다고 불린다〉는 것인데, 그것은 문제를 해결하려는 것이 아니고 문제를 안내하려는 것이다.

이런 유의 문제는 이런 유형의 작업을 하는 데 발생하는 위험을 보여 준다. 장하게도 저자가 자기 시대의 문제들을 다루다 보면 자기 자신의 사고를 다른 사람의 사고와 바꿔 버리는 결과가 생긴다. 사변 철학이 중세 사상의 역사 편찬과 뒤섞이는 것이다. 그래서 비지오를 감각적인 것에 대한 지적 직관으로 해석하는 것은 예술적 직관은 역동적 도식 *schéma dynamique*이라는 이론과 관계된 해석으로서, 그렇게 되면 서서히 토미즘과 베르그송주의를 융합하는 결과를 낳는다. 일견 마리탱의 표상이 지닌 기교와 열정만이 이것을 인정받게 할 수 있을 것처럼 보이는데, 마리탱이 이런 모호함을 제거한 것은 그가 나중에 발표한 『예술과 시에서의 창조적 직관』에 와서야 이루어진 일이다. 여기서 토미즘의 영향들이 자유롭게 동화된 역사로부터의 교훈이 되는 특징적인 미학을 보게 된다. 그러나 중세 미학이 현대의 사상 속에서 살아 있는 힘으로서 재천명되는 것은 마리탱 덕분이며 이는 결코 사소한 것이 아니다. 마리탱에 관해서 쓴 시몬슨의 작은 책은 마리탱의 최근작을 고려하지 않고 있기에 불완전하다.

드 울프는 지적이며 균형이 잡혀 있다. 여러 문제들을 다시 생각해 보는 메르시에의 작업은 정당성이 있고 자극을 주는 생각으로 가득 차 있다. 반니 로비기는 명료하며 자료 정리가 잘 되어 있다.

아름다운 것의 형이상학을 다룬 마르크와 예술 형식의 존재론을 다룬 플레 논문들은 계몽적이다.

매우 정확한 웬슬리우스의 연구에는 동시대의 가톨릭 교도들을 고려하는, 프로테스탄트 역사가의 비범한 시각이 깃들어 있다.

중세적 주제들을 자유로이 탐색하는 이런 연구들은 조이스의 『젊은 예술가의 초상』과 『스티븐 히어로』의 여러 구절들에서 끌어낸 미적인 것을 참조하지 않고는 완전한 것이 못 될 것이다. 여기서 토미즘의 여러 범주들이 이단적인 도덕적, 이념적 기류 속에서 재생된다. 그 범주들은 심층적으로 해석되어 전혀 다른 문화와 감수성 속으로 전이된다. 이런 점에서 내가 쓴 『조이스의 시학 *Le poetiche di Joyce*』(밀라노, 1966, 영어판으로는 『카오스모스의 미학 *The Aesthetics of Chaosmos*』, Tulsa, Monograph Series 18, 1982), 비르질리오 구이디의 『초기의 조이스 *Il primo Joyce*』(로마, 1954)와 윌리엄 T. 눈의 『조이스와 아퀴나스』(뉴헤이븐, 1957)를 언급하겠다.

최근에 나온 저술들의 보충

ASSUNTO, R.
La Critica d'arte nel pensiero medievale(Milano, 1961).
Die Theorie des Schönen im Mittelalter(Köln, 1963).
Impostesi e postille sull'estetica medioevale(Milano, 1975).

BARRETT, C.
'The Aesthetics of St. Thomas Re-examined', *Philosophical Studies*, XII(1963), pp. 107~124.
'Medieval Art Criticism', *The British Journal of Aesthetics*, V(1965), pp. 25~36.

BEARDSLEY, M. C.
Aesthetics from Classical Greece to the Present(New York, 1966), chapter 5.

BOGLIONI, P.(ed.)
La culture populaire au moyen âge(Montreal and Paris, 1979).

BUNDY, M. W.
The Theory of Imagination in Classical and Medieval Thought(Folcraft, pa., 1970; 1st published Indiana U. P., 1927).

CATAUDELLA, Q.
Estetica cristiana, in *Momenti e problemi di storia dell'estetica*, by various authors, 4 vols.(Milano, 1959, 1961), vol. I.

CHYDENIUS, D.
'La théorie du symbolisme médiévale', *Poétique*, XXIII(1975), pp. 322~341.

COPLESTON, F. C.
A History of Philosophy, 7 vols.(London, 1946~1963), vol. II, *Medieval Philosophy*.

DALES, R. C.
The Intellectual Life of Western Europe in the Middle Ages(Washington, 1980).

ECO, UMBERTO
'Storiografia medievale ed estetica teorica(Appunti metodologici su Jacques Maritain)', *Filosofia*, XII(1961), pp. 505~522.

Symbol, in *Semiotics and the Philosopy of Language*(Bloomington, Indiana, U.P., 1984).

'At the Roots of the Modern Concept of Symbol', *Social Research* 52, 2(1985), pp. 383~402.

L'Epistola XIII, l'allegorismo medievale, il simbolismo moderno, in *Sugli Specchi*(Milano, 1985).

FLASCH, K.
'Ars imitatur naturam, Platonischer Naturbegriff und mittelalterliche Philosophische der Kunst', in *Parusia*(Frankfurt, 1965).

GRABAR, A.
Christian Iconography(London, 1969).

JEAUNEAU, E.
La philosophie médiévale, 2nd edition(Paris, 1967).

KOVACH, F. J.
Die Aesthetik des Thomas von Aquin(Berlin, 1961).

'The Transcendentality of Beauty in Thomas Aquinas', in *Die Metaphysik im Mitterlalter*(*Miscellanea Mediaevalia, II*), edited by P. Wilpert(Berlin, 1963), pp. 386~392.

LINDBERG, D. C.
Theories of Vision from Al Kindi to Kepler(Chicago, 1976).

MILLER, JOSEPH M., PROSSER, M. H., BENSON, T.W.(eds.)
Readings in Medieval Rhetoric(Bloomington, Ind. and London, 1973).

MURPHY, J. J.(ed.)
Three Medieval Rhetorical Arts(Berkeley, Los Angeles, London, 1971).
Rhetoric in the Middle Ages(Berkeley, Los Angeles, London, 1974).
(ed.), *Medieval Eloquence: Studies in the Theory and Practice of Medieval Rhetoric*(Berkeley, Los Angeles, London, 1978).

PAUL, J.
Histoire intellectuelle de l'occident médiéval(Paris, 1973).

PEARSALL, D. AND SALTER, E.
Landscapes and Seasons of the Medieval World (London, 1973).

PERPEET, W.
Ästhetik im Mittelalter(Freiburg, 1977).

SQUAROTTI, G. B.
Le Poetiche del trecento in Italia, in *Momenti e problemi di storia dell'estetica*, by various authors, 4 vols.(Milano, 1959, 1961), vol. I.

TATARKIEWICZ, W.
History of Aesthetics, 3 vols.(The Hague, 1970, 1974), vol. II.

VISCARDI, A.
Idee estetiche e letteratura militante nel Medioevo, in *Momenti e problemi di storia dell'estetica* by various authors, 4 vols.(Milano, 1959, 1961), vol. I.

찾아보기

가린 Garin, Eugenio 180
괴테 Goethe, J. W. von 160
귀니첼리 Guinizelli, Guido 82
그로스테스트 Grosseteste, Robert 46~49, 87~89

네캄 Neckham, Alexander 19

다미아니 Damiani, Pietro 22
단테 Alighieri Dante 6, 82, 85, 104, 154, 187
도베르뉴 d'Auvergne, Guillaume 46, 84, 118, 119
도세르 d'Auxerre, Guillaume 40
도트르쿠르 d'Autrecour, Nicholas 151
두란두스 Durandus, William 171
둔스 스코투스 Duns Scotus, Johannes 125, 146, 155, 206
디오니시우스 Dionysios 38, 39, 42~44, 46, 86, 98, 100, 102, 153, 206

레오나르도 다빈치 Leonardo da Vinci 68

마리탱 Maritain, Jacques 50, 126
마티아스 Matthew of Vendôme 26, 172
무사토 Mussato, Albertino 179

발라프리트 스트라보 Walafrid Strabo 193
뱅상 Vincent de Beauvais 57, 69, 73
베다 Bede 78, 99, 104
베르길리우스 Vergilius 107
베르나르 Bernard de Chartres 166

베르나르 Bernard de Clairvaux 18~20, 22, 23, 25, 30, 139
베르나르 Bernard de Tour 65
베이컨 Bacon, Roger 87, 113
보나벤투라 St. Bonaventura 22, 49, 50, 69, 87, 89~91, 118, 144, 145, 161, 171, 188
보이티우스 Boethius, Anicius Manlius Severinus 23, 24, 58~61, 63, 71, 95, 117, 134, 189
볼드윈 Baldwin of Canterbury 27
비용 Villon, François 24
비텔로 Witelo 87, 120~122
비트루비우스 Marcus Vitruvius Pollio 57, 67, 73, 76, 116
빅토리누스 Victorinus, Marius 156

쉬제르 Suger 29~32, 34, 84, 97, 108, 168

아리스토텔레스 Aristoteles 14, 42, 46, 48, 50, 56, 90, 91, 102, 112, 130, 144, 155, 164, 173, 179, 180, 182, 184, 186, 190, 199
아베로에스 Averroes 173
아우구스티누스 Augustinus, Aurelius 6, 22, 34, 41, 46, 48, 55, 58, 63, 70, 79, 86, 117, 125, 134, 145, 183
알렉산더 Alexander of Hales 47, 174
알베르투스 마그누스 Albertus Magnus 50, 52, 87, 123, 129, 143, 144
알하젠 Alhazen 87, 120

앨퀸 Alcuin 45, 72, 166
에크하르트 Eckhart, Meister 154, 189
예후다 레비 Jehudah Levi 188
오컴 William of Ockham 150~152
요한네스 사라케누스 Johannes Saracenus 44
위그 Hugues de Fouilloy 19
위그 Hugues de St. Victor 25, 68, 84, 102, 103, 105, 164
이븐시나 Ibn Sina 131
이시도루스 Isidorus 34, 156
일뒤앵 Hilduin 44, 45

장 드 묑 Jean de Meun 87, 162, 179, 193
제프리 Geoffrey of Vinsauf 71, 172, 173
조프리 Geoffrey of Viterbo 174, 193
존 John of Garland 172
존 John of Salisbury 44, 156, 158, 159, 172
주조 Suso, Henry 154
질베르 Gilbert of Hoyt 24, 27
질송 Gilson, Etienne 8, 165, 186

첸니노 첸니니 Cennino Cennini 170

카시오도루스 Cassiodorus 156
콩시드랑 Considerans 47
콩슈 Conches, Guillaume de 64, 65
퀸틸리아누스 Quintilianus, M. F. 165

크레티앵 Chrétien de Troyes 81, 174
크로체 Croce, Benedetto 12
키케로 Cicero, Marcus Tullius 34, 38, 46, 52, 55, 156, 182

타울러 Tauler, Johaness 154
테오둘프 Theodulf of Orléans 166, 193
테오필루스 Theophilus 169, 183
토마스 아퀴나스 Thomas Aquinas 22, 50, 52, 53, 78, 87, 89, 91, 107, 110, 111, 117, 122~127, 129~135, 138~148, 150, 160, 162~164, 166, 171, 177~179, 184, 185
티에리 Thierry de Chartres 65

퍼시발 Percival 174
페로탱 Pérotin 70
폴리클레이토스 Polykleitos 56
프로클루스 Proclus 86
프루아사르 Froissart 83
플로티노스 Plotinos 16, 86, 182
피타고라스 Pythagoras 56, 58~61, 66, 73, 195

하위징아 Huizinga, Johan 29, 31, 32, 83, 93, 98
호노리우스 Honorius 34, 62, 97, 104

옮긴이의 말

　에코가 26세의 나이에 썼다는 이 저술은 우리에게 낯설면서도 먼 옛날로 여겨지는 중세 시대의 미학적 이념과 실제를 다루고 있다. 이른바 〈암흑시대〉라는 편향된 별칭으로만 중세를 떠올리는 독자들에게 이 책은 어쩌면 〈놀라운 신세계〉쯤 되지 않을까 싶다. 중세가 종교라는 창문 하나만을 허락받았던 엄격하고 획일적인 시대로 알려져 왔기에, 대부분의 사람들은 중세를 말할 때 그 종교라는 창문과 창문에 드리워진 검은 커튼에 대해서만 이야기했다. 그런데 놀랍게도 그 창문의 검은 커튼 안에는 따스한 불빛과 활기 넘치는 분위기의 방이 있었다. 그 방 안에서 중세인들은 미사도 드렸지만 그들만의 미적 감수성으로 방을 다양하게 채색하고 장식하기도 했다. 미학적인 면에서 그 방은 나름의 독창성을 지녔으면서 동시에 고전 시대와 르네상스라는 또 다른 방들의 사이에서 문화와 문명의 전달자 역할을 해냈다. 에코는 그 방을 소개하면서 중세인들의 미적 태도, 경험, 실제 등을 포괄적으로 설명한다.

사실 이 책은 서양 고전 시대와 중세 시대의 철학적 지식을 전제로 하고 있어서 일반 독자들이 읽는 데 어려움이 적지 않으리라 짐작된다. 어쩌면 〈중세의 미학〉이라는 제목만 보고 중세 시대의 예술 작품들에 대한 고찰쯤으로 기대할 수도 있을 것이다. 그러나 아예 서양 철학사의 고대, 중세 부분을 옆에 놓고 함께 읽어 나가는 것이 낫겠다 싶을 정도로 철학 지식이 없이는 쉽게 읽히지 않는 내용들이 많다. 그러나 그런 읽기의 어려움을 뒤집어 생각하면, 이 작은 책 속에 담긴 활자의 분량에 비해 훨씬 많은 분량의 의미를 내포하고 있다는 뜻이 된다. 문장 하나하나를 곱씹듯이 음미하다 보면 중세 미학, 미와 예술에 대한 중세인들의 생각과 태도의 그림이 그려지고, 지나간 시대의 천 년이 지금의 시대 옆으로 다가와 나란히 자리 잡게 될 것이다.

언제나처럼 번역의 문제점은 남는다. 외국어 읽기도 만만치 않았지만 우리말 고르기 역시 어려운 일이어서, 완벽한 번역은 없다는 말로 스스로 위로하고 싶은 심정이다. 또 옮긴이주를 충분히 친절하게 붙이지 못한 데 대한 안타까움도 있다. 늘 자기 자신에게 쫓기면서 시간을 탓하는 비겁함을 또 한 번 범한 셈이다.

처음 이 책의 영역본을 접했을 때 아름다운 표지와 더불어 목차의 완성도에 이끌려 가슴이 설레던 기억이 난다. 내가 느꼈던 설렘이 독자들에게도 전달된다면 더 이상의 만족이 없겠다.

끝으로 이 책의 번역 대본은 Umberto Eco, *Art and Beauty in the Middle Age*(Yale University Press, 1986)를 사용하였음을 밝혀 둔다.

손효주

움베르토 에코 연보

1932년 출생 1월 5일 이탈리아 피에몬테 주의 소도시 알레산드리아에서 태어남. 에코라는 성은 〈*ex caelis oblatus*(천국으로부터의 선물이라는 뜻의 라틴어)〉의 각 단어 머리글자를 딴 것으로 알려져 있는데, 한 시청 직원이 버려진 아이였던 그의 할아버지에게 붙여 줬다고 함. 아버지 줄리오 에코Giulio Eco는 세 차례의 전쟁에 징집당하기 전 회계사로 일했음. 어린 에코와 그의 어머니 조반나Giovanna는 제2차 세계 대전 동안 피에몬테에 있는 작은 마을로 피신함. 거기에서 움베르토 에코는 파시스트와 빨치산 간의 총격전을 목격했는데, 그 사건은 후에 두 번째 소설 『푸코의 진자』를 쓰는 데 많은 영향을 미침. 에코는 살레지오 수도회의 교육을 받았는데, 이후 저서와 인터뷰에서 그 수도회의 질서와 창립자를 언급하곤 함.

1954년 <u>22세</u> 아버지는 에코가 법학을 공부하길 원했지만 에코는 중세 철학과 문학을 공부하기 위해 토리노 대학교에 입학함. 토리노 대학교에서 루이지 파레이손 교수의 지도하에 1954년 철학 학위를 취득함. 졸업 논문은 「토마스 아퀴나스의 미학 문제Il problema estetico in San Tommaso」. 이 시기에 에코는 신앙의 위기를 겪은 후 로마 가톨릭 교회를 포기함.

1955년 <u>23세</u> 1959년까지 밀라노에 있는 라디오-텔레비전 방송국인

RAI의 문화 프로그램 편집위원으로 일하면서 저널리즘 세계에 입문함. RAI에서의 경험은 미디어의 눈을 통해 근대 문화를 검토해 보는 기회가 되었음. RAI에서 친해진 아방가르드 화가와 음악가, 작가들(63 그룹)이 에코의 이후 집필에 중요한 기반이 됨. 특히 학위 논문을 발전시킨 첫 번째 저서인 『토마스 아퀴나스의 미학 문제』를 출판한 1956년 이후부터 영향을 미침. 또 이 만남은 모교에서 강의를 시작한 계기가 되기도 함.

1956년 24세 『토마스 아퀴나스의 미학 문제』 출간. 1964년까지 토리노 대학교에서 강사를 맡음.

1959년 27세 『중세 미학의 발전 *Sviluppo dell'estetica medievale*』 출간(후에 『중세의 미학 *Arte e bellezza nell'estetica medievale*』으로 개정판 출간). 이를 계기로 영향력 있는 중세 연구가로 인정받음. 밀라노의 봄피아니 출판사에서 1975년까지 논픽션 부분 수석 편집위원으로 일하면서 철학, 사회학, 기호학 총서들을 맡음. 아방가르드의 이념과 언어학적 실험에 전념하는 『일 베리 *Il Verri*』지에 〈작은 일기 *Diario minimo*〉라는 제목으로 칼럼 연재. 이 기간에 〈열린〉 텍스트와 기호학에 대한 생각을 진지하게 전개해 나가기 시작하여 나중에 이 주제에 관한 많은 에세이들을 집필함.

1961년 29세 이탈리아 토리노 대학교 문학 및 철학 학부에서 강의하고, 밀라노의 폴리테크니코 대학교 건축학부에서 미학 강사직을 맡음. 잡지 『마르카트레』 공동 창간.

1962년 30세 토리노 대학교와 밀라노 대학교에서 미학 강의를 시작함. 최초의 주저 『열린 작품 *Opera aperta*』을 출간함. **9월** 독일인 미술 교사인 레나테 람게 Renate Ramge와 결혼해서 1남 1녀를 둠. 밀라노의 아파트와 리미니 근처에 있는 별장을 오가며 생활함. 밀라노의 아파트에는 3만 권의 장서가, 별장에는 2만 권의 장서가 있었다고 함. 「일 조르노 Il Giorno」, 「라 스탐파 La Stampa」, 「코리에레 델라 세라 Corriere della Sera」, 「라 레푸블리카 La Repubblica」 등의 신문과 잡지 『레스프레소 *L'Espresso*』 등에 다양한 형태의 글을 발표함.

1963년 31세 『애석하지만 출판할 수 없습니다 *Diario minimo*』 출간함.

주간 서평지 『타임스 리터러리 서플리먼트 Times Literary Supplement』에 기고를 시작함.

1964년 32세 『매스컴과 미학 Apocalittici e integrati』 출간함.

1965년 33세 『열린 작품』의 논문 한 편을 떼어서 『조이스의 시학 Le poetiche di Joyce』으로 출간함. 제임스 조이스 학회의 명예 이사가 됨. 아메리카 대륙을 여행함.

1966년 34세 브라질 상파울루 대학교에서 강의함. 1969년까지 피렌체 대학교 건축학과에서 시각 커뮤니케이션 부교수로 일함. 어린이를 위한 책 『폭탄과 장군 La bomba e il generale』과 『세 우주 비행사 I tre cosmonauti』를 출간함.

1967년 35세 『시각 커뮤니케이션 기호학을 위한 노트 Appunti per una semiologia delle comunicazioni visive』를 출간함. 잡지 『퀸디치 Quindici』를 공동 창간함.

1968년 36세 『시각 커뮤니케이션 기호학을 위한 노트』를 개정하여 『구조의 부재 La struttura assente』를 출간함. 이 책을 계기로 중세 미학에 대한 관심이 문화적 가치와 문학에 대한 보다 일반적인 관심으로 변화된 후에 자신의 연구 방향을 위한 기조를 설정함. 『예술의 정의 La definizione dell'arte』를 출간함.

1969년 37세 뉴욕 대학교에서 초빙 교수 자격으로 강의함. 밀라노 폴리테크니코 대학교 건축학부의 기호학 부교수로 취임함.

1970년 38세 아르헨티나의 여러 대학에서 강의 시작함.

1971년 39세 『내용의 형식들 Le forme del contenuto』과 『기호: 개념과 역사 Il segno』를 출간함. 데달루스 Dedalus(그리스 신화에 나오는 아테나이의 명장)라는 필명으로 이탈리아 공산당 지도자들이 창간한 잡지 『일 마니페스토 Il Manifesto』에 기고함. 최초의 국제 기호학 학회지 『베르수스 VS』의 편집자가 됨. 볼로냐 대학교 문학 및 철학 학부 기호학 부교수로 임명됨. 이때부터 그의 이론들이 본격적으로 제자리를 잡기 시작함.

1972년 40세 미국 시카고 노스웨스턴 대학교에서 방문 교수로 강의함. 파리에서 창설된 국제기호학회 IASS/AIS 사무총장을 맡아 1979년까지 일을 함.

1973년 41세 『집안의 풍습 Il costume di casa』(1977년에 출간한 『제국의 변방에서 Dalla periferia dell'impero』의 일부로 수록됨) 출간함. 후에 『욕망의 7년 Sette anni di desiderio』과 묶어 『가짜 전쟁 Semiologia quotidiana』으로 재출간함. 『리에바나의 베아토 Beato di Liébana』 한정판을 출간하여 250달러에 판매함.

1974년 42세 밀라노에서 제1회 국제기호학회를 조직함.

1975년 43세 볼로냐 대학교 기호학 정교수로 승진함(2007년까지 재직함). 미국 UC 샌디에이고 방문 교수를 지냄. 『일반 기호학 이론 Trattato di semiotica generale』을 출간함. 『애석하지만 출판할 수 없습니다』 개정판 출간함.

1976년 44세 『대중문화의 이데올로기 Il superuomo di massa』 출간함. 『일반 기호학 이론 A Theory of Semiotics』을 미국 인디애나 대학교 출판부와 영국 맥밀란 출판사에서 동시 출간함. 미국 뉴욕 대학교 방문 교수를 지냄. 이탈리아 볼로냐 대학교 커뮤니케이션학 및 공연 연구소 소장으로 임명되어 1977년까지 역임함(1980~1983년 다시 소장직 역임). 63 그룹과 신아방가르드에 관한 연구 결과로 루티 G. Luti, 로시 P. Rossi 등과 함께 『아이디어와 편지 Le idee e le lettere』를 출간함.

1977년 45세 『논문 잘 쓰는 방법 Come si fa una tesi di laurea』과 『제국의 변방에서』 출간함. 미국 예일 대학교 방문 교수를 지냄. 『매스컴과 미학』 개정판 출간함.

1978년 46세 미국 컬럼비아 대학교 방문 교수를 지냄.

1979년 47세 『이야기 속의 독자 Lector in fabula』 출간함. 『독자의 역할 The Role of the Reader』을 미국 인디애나 대학교 출판부와 영국 맥밀란 출판사에서 동시 출간함. 문학 월간지 『알파베타』를 공동 창간함. 국제기호학회 부회장을 역임함.

1980년 48세 소설 『장미의 이름*Il nome della rosa*』을 출간함. 〈나는 1978년 3월 독창성이 풍부한 아이디어에 자극받아 글쓰기를 시작했다. 나는 한 수도사를 망치고 싶었다〉는 말로 창작 배경을 설명함. 이 소설의 첫 번째 제목안은 〈수도원 살인 사건〉이었으나 소설의 미스터리 측면에 과도하게 초점이 맞춰졌다고 판단, 데이비드 코퍼필드의 제목에서 영감을 받아 〈멜크의 아드소〉를 두 번째 제목안으로 잡았다가 결국 좀 더 시적인 〈장미의 이름〉이라는 제목을 선택함. 에코는 이 책이 열린 — 수수께끼 같고, 복잡하며 많은 해석의 층으로 열려 있는 — 텍스트로 읽히기를 원함. 이탈리아에서만 1년 동안 50만 부가 판매됨. 독일어판과 영어판은 각각 1백만 부, 2백만 부 이상이 판매되었으며, 세계 40개국 언어로 번역되어 2천만 부 이상이 판매됨. 에코의 이름이 전 세계에 알려지는 결정적 계기가 됨. 1987년에는 장 자크 아노 감독, 숀 코너리 주연으로 영화화됨. 미국 예일 대학교 방문 교수를 지냄.

1981년 49세 『장미의 이름』으로 스트레가상Premio Strega, 앙기아리상Premio Anghiari, 올해의 책상Premio Il Libro dell'anno 수상. 비매품으로 밀라노 공공 도서관의 『도서관에 대해*De Bibliotheca*』를 출간함. 몬테체리뇨네Monte Cerignone(이탈리아 중동부 해안과 산마리노 공화국에서 가까운 작은 소읍의 이름인데, 에코의 별장이 있는 곳)의 명예시민이 됨.

1982년 50세 『장미의 이름』으로 프랑스 메디치상(외국 작품 부문) 수상.

1983년 51세 『알파베타』에 발표했던 「장미의 이름 작가 노트Postille al nome della rosa」를 『장미의 이름』 이탈리아어 포켓판에 첨부함. 『욕망의 7년: 1977~1983년의 연대기』를 포켓판으로 출간함. 볼로냐 대학교 커뮤니케이션학 연구소 소장 역임. 피렌체 로터리 클럽에서 주는 콜럼버스상Columbus Award을 수상함.

1984년 52세 『기호학과 언어 철학*Semiotica e filosofia del linguaggio*』 출간함. 상파울루에서 『텍스트의 개념*Conceito de texto*』 출간함. 미국 컬럼비아 대학교 방문 교수를 지냄.

1985년 53세 『예술과 광고*Sugli specchi e altri saggi*』를 출간함. 유네스

코 캐나다 앤드 텔레클로브로부터 마셜 매클루언상Marshall McLuhan Award을 수상함. 벨기에 루뱅 가톨릭 대학교에서 명예박사 학위를 받음. 프랑스 정부로부터 예술 및 문학 훈장을 받음.

1986년 <u>54세</u> 볼로냐 대학교 기호학 박사 과정 주임 교수가 됨. 덴마크 오덴세 대학교에서 명예박사 학위를 받음.

1987년 <u>55세</u> 독일 콘스탄츠 대학교 출판부에서 『해석 논쟁*Streit der Interpretationen*』을 출간함. 『수용 기호학에 관한 노트*Notes sur la sémiotique de la réception*』를 출간함. 그동안 영어와 프랑스어로 썼던 다양한 글을 모아 중국에서 『구조주의와 기호학〔結構主義和符號學〕』 출간함. 미국 시카고 로욜라 대학교와 뉴욕 시립 대학교, 영국 런던 왕립 미술 학교에서 명예박사 학위를 받음.

1988년 <u>56세</u> 두 번째 소설 『푸코의 진자*Il pendolo di Foucault*』를 출간함. 즉각적인 성공을 거두어 세계에서 가장 중요한 소설가의 반열에 올라섬. 미국 브라운 대학교에서 명예박사 학위를 받음.

1989년 <u>57세</u> 그동안 썼던 에세이를 모아 독일 라이프치히에서 『이성의 미로에서: 예술과 기호에 관한 텍스트*Im Labyrinth der Vernunft: Texte über Kunst und Zeichen*』를 출간함. 『1609년 하나우 거리의 이상한 사건*Lo strano caso della Hanau 1609*』 출간함. 산마리노 대학교의 국제 기호학 및 인지학 연구 센터 소장을 맡음. 1995년까지 같은 대학교의 학술 집행 위원회도 맡음. 파리 3대학교(소르본 누벨)와 리에주 대학교에서 명예박사 학위를 받음. 방카렐라상Premio Bancarella을 수상함.

1990년 <u>58세</u> 『해석의 한계*I limiti dell'interpretazione*』 출간함. 그동안 쓴 글을 모아 독일에서 『새로운 중세를 향해 가는 길*Auf dem Wege zu einem Neuen Mittelalter*』을 출간함. 영국 캠브리지 대학교에서 열리는 태너 강연회*Tanner Lectures on Human Values*를 함. 불가리아 소피아 대학교, 영국 글라스고우 대학교, 스페인 마드리드 콤플루텐스 대학교에서 명예박사 학위를 받음. 코스탄티노 마르모Costantino Marmo가 『장미의 이름』에 주석을 달아 책을 냄.

1991년 <u>59세</u> 『별들과 작은 별들*Stelle e stellette*』과 『목소리: 행복한 해

결 『Vocali: Soluzioni felici』 출간함. 옥스퍼드 튤리 하우스 1(지금의 켈로그 대학교)의 명예 회원이 됨. 「전쟁에 대한 한 생각Pensare la guerra」을 『도서 리뷰La Rivista dei Libri』에 발표함.

1992년 60세 『세상의 바보들에게 웃으면서 화내는 방법Il secondo diario minimo』을 비롯해 『작가와 텍스트 사이Interpretation and Overinterpretation』, 『메모리는 공장이다La memoria vegetale』를 출간함. 파리의 프랑스 칼리지 방문 교수, 미국 하버드 대학교 노튼 강사를 지냈고, 유네스코 국제 포럼과 파리 문화 학술 대학교의 회원이 됨. 미국 캔터베리의 켄트 대학교에서 명예박사 학위를 받음. 어린이를 위한 책 『뉴 행성의 난쟁이들Gli gnomi di Gnu』을 집필함.

1993년 61세 『유럽 문화에서 완벽한 언어의 탐색La ricerca della lingua perfetta nella cultura europea』을 출간함. 1998년까지 볼로냐 대학교 커뮤니케이션학 학과의 주임 교수를 지냄. 인디애나 대학교에서 명예박사 학위를 받음. 프랑스의 레지옹도뇌르Légion d'Honneur 훈장(5등) 수훈함.

1994년 62세 『하버드에서 한 문학 강의Six Walks in the Fictional Woods』와 세 번째 소설 『전날의 섬L'isola del giorno prima』 출간함. 룸리R. Lumley가 『매스컴과 미학』의 일부 내용을 엮어 인디애나 대학교 출판부에서 영어판 『연기된 묵시파Apocalypse Postponed』 출간함. 국제기호학회의 명예 회장이 되어 지금까지 맡고 있음. 볼로냐 학술 아카데미 회원이 됨. 이스라엘의 텔아비브 대학교, 아르헨티나의 부에노스아이레스 대학교에서 명예박사 학위를 받음.

1995년 63세 그리스의 아테네 대학교, 캐나다 온타리오 지방 서드베리에 있는 로렌시안 대학교에서 명예박사 학위를 받음. 「영원한 파시즘Il fascismo eterno」을 컬럼비아 대학교의 한 심포지엄에서 발표함.

1996년 64세 추기경 카를로 마리아 마르티니Carlo Maria Martini와 함께 『세상 사람들에게 보내는 편지In cosa crede chi non crede?』 출간함. 파리 에콜 노르말 쉬페르외르 외래 교수를 역임함. 뉴욕 컬럼비아 대학교 이탈리아 아카데미 고급 과정 특별 회원을 지내고, 폴란드의 바르샤

바 미술 아카데미, 루마니아 콘스탄타의 오비두스 대학교, 미국 캘리포니아 산타클라라 대학교, 에스토니아의 타르투 대학교에서 명예박사 학위를 받음. 이탈리아에서 수여하는 〈명예를 드높인 대십자가 기사 Cavaliere di Gran Croce al Merito della Repubblica Italiana〉를 받음.

1997년 65세 『신문이 살아남는 방법Cinque scritti morali』, 『칸트와 오리너구리Kant e l'ornitorinco』를 출간함. **4월** 예루살렘에서 개최된 〈세 개의 일신교에서의 천국 개념〉 세미나에 참석함. 프랑스 그레노블 대학교와 스페인의 카스틸라라만차 대학교에서 명예박사 학위를 받음.

1998년 66세 리베라토 산토로Liberato Santoro와 함께 『조이스에 대하여Talking of Joyce』 출간함. 뉴욕 컬럼비아 대학교 출판부와 런던에서 『언어와 광기Serendipities: Language and Lunacy』 출간함. 『거짓말의 전략Tra menzogna e ironia』 출간함. 캐나다 토론토 대학교에서 〈고조Goggio 강연〉을 함. 모스크바의 로모노소프 대학교와 베를린 자유 대학교에서 명예박사 학위를 받음. 미국 예술 문예 아카데미 명예회원이 됨.

1999년 67세 볼로냐 대학교 인문학 고등 종합 학교의 학장으로 취임해 지금까지 맡고 있음. 독일 정부로부터 〈학문 및 예술에 대한 공적을 기리는 훈장〉을 수훈함. 다보스 세계 경제 포럼에서 크리스털상을 받음.

2000년 68세 에코는 평소에 미네르바라는 브랜드의 성냥갑에 해둔 메모를 정리해서 잡지 칼럼에 연재하곤 했는데, 이 칼럼을 모아 〈미네르바의 성냥갑La Bustina di Minerva〉이라는 제목으로 출간함(한국어판은 『책으로 천년을 사는 방법』과 『민주주의가 어떻게 민주주의를 해치는가』로 분권). 실제 에코는 하루에 여러 갑의 담배를 피우고 밤늦게까지 일하며 손님들을 재미있게 해주고 무엇이든지 탐구하며 녹음기 틀기를 즐겨하는 성격의 소유자. 네 번째 소설 『바우돌리노Baudolino』 출간함. 토론토 대학교 출판부에서 『번역의 경험Experiences in Translation』을 출간함. 몬트리올의 퀘벡 대학교에서 명예박사 학위를 받음. 에스파냐의 오스투리아스 왕자상Premio Principe de Asturias 수상함. 다그마와 바클라프 하벨 비전 97 재단상Dagmar and Vaclav Havel Vision 97 Foundation Award 수상함.

2001년 69세 『서적 수집에 대한 회상 *Riflessioni sulla bibliofilia*』 출간함. 개방 대학교에서 명예박사 학위 받음.

2002년 70세 『나는 독자를 위해 글을 쓴다 *Sulla letteratura*』 출간함. 옥스퍼드 대학교 비덴펠트 강의 교수직과 이탈리아 인문학 연구소 학술자문위원장을 맡음. 옥스퍼드의 세인트 앤 칼리지 명예회원이 됨. 미국 뉴저지의 러트거스 대학교, 이스라엘의 예루살렘 대학교, 시에나 대학교에서 명예박사 학위를 받음. 유럽 문학을 대상으로 하는 오스트리아 상 수상. 프랑스의 외국인 지중해상 수상.

2003년 71세 『번역한다는 것 *Dire quasi la stessa cosa*』과 『마우스 혹은 쥐?: 협상으로서의 번역 *Mouse or Rat? Translation as Negotiation*』을 출간함. 알렉산드리아 도서관 자문위원회 위원을 맡음. 프랑스 레지옹도뇌르 훈장(4등) 수훈함.

2004년 72세 비매품 『남반구 땅의 언어 *Il linguaggio della terra australe*』 출간함. 다섯 번째 소설 『로아나 여왕의 신비한 불꽃 *La misteriosa fiamma della regina Loana*』, 『미의 역사 *Storia della bellezza*』 출간함. 프랑스 브장송의 프랑셰 콩테 대학교에서 명예박사 학위를 받음.

2005년 73세 이탈리아 남부 레조 칼라브라아의 메디테라네아 대학교에서 명예박사 학위를 받음. UCLA 메달을 받음.

2006년 74세 『가재걸음의 시대 *A passo di gambero*』를 출간함. 이탈리아 인문학 연구소의 소장직을 맡음.

2007년 75세 『추의 역사 *Storia della bruttezza*』 출간함. 슬로베니아 류블랴나 대학교에서 명예박사 학위를 받음.

2008년 76세 스웨덴의 웁살라 대학교에서 명예박사 학위를 받음.

2009년 77세 프랑스 문학 비평가 장 클로드 카리에르와 책의 미래에 관해서 나눈 대화를 엮은 책, 『책을 버려? *Non sperate di liberarvi dei libri*』를 출간함. 현재 볼로냐 대학교 명예 교수로 있음.

프랑스의 소르본 대학교, 미국의 브라운 대학교를 포함하여 세계 30여 개 대학교에서 명예박사 학위를 받았으며 초빙 교수로 강의하고 있음. 국제기호학회의 공식 저널인 『세미오티카 Semiotica』, 미국 듀크 대학교에서 발간하는 『포에틱스 투데이 Poetics Today』 외에도 『드그레 Degrés』, 『구조주의자 리뷰 Structuralist Review』, 『텍스트 Text』, 『커뮤니케이션 Communication』, 『정보의 문제 Problemi dell'informazione』, 『단어와 이미지 Word & Images』 등의 잡지와 저널의 편집 위원을 맡고 있음. 〈미국과 이탈리아를 위한 위원회〉와 〈이탈리아 아스펜 연구소〉 회원임. 유네스코, RAI의 실험적인 서비스 프로그램, 밀라노의 음악 음성학 센터, 밀라노 트리엔날레(1964), 몬트리올 엑스포(1967), 유럽 공동체 등과 공동 작업을 진행함. 〈해야 할 일이 많이 없으면 나는 어쩔 줄을 모른다〉고 밝히면서 여전히 역동적인 제스처를 구사하고 토론 중에 소리를 지르기도 하는 등 왕성한 활동을 하고 있음. 자신의 묘비명은 토마소 캄파넬라에게서 따온 인용문으로 쓰이기를 원하고 있음: 「기다려, 기다려.」 「난 못해.」

움베르토 에코 마니아 컬렉션 1

중세의 미학

옮긴이 손효주는 1958년 부산에서 태어나, 이화여자대학교 영어영문학과와 홍익대학교 대학원 미학과를 졸업하고 동 대학원에서 아리스토텔레스 미학을 전공하고 박사 과정을 수료하였다. 옮긴 책으로 블라디슬로프 타타르키비츠의 『타타르키비츠 미학사 1 - 고대 미학』, 『타타르키비츠 미학사 2 - 중세 미학』, 『미학의 기본 개념사』, 『미술사의 이해』(전3권) 등이 있다.

지은이 움베르토 에코 **옮긴이** 손효주 **발행인** 홍지웅 **발행처** 주식회사 열린책들 **주소** 경기도 파주시 문발로 253 파주출판도시 **대표전화** 031-955-4000 **팩스** 031-955-4004 Copyright (C) 손효주, 1998, *Printed in Korea.* ISBN 978-89-329-0876-2 94100 978-89-329-0875-5(세트) **발행일** 1998년 6월 20일 초판 1쇄 2000년 5월 20일 초판 2쇄 2009년 10월 30일 마니아판 1쇄 2020년 1월 25일 마니아판 4쇄

움베르토 에코 마니아 컬렉션 UMBERTO ECO MANIA COLLECTION

1. 중세의 미학 손효주 옮김 —『중세의 미와 예술』신판
탁월한 중세 연구가 에코의 등장을 알린 중세 미학 이론서. 당시 에코의 나이는 26세. 젊은 에코는 이 책에서 중세의 문화 이론과 예술적 경험, 예술적 실제 간의 관계를 탐구하면서 신학과 과학, 시와 신비주의 등 그동안 분리되어 있었던 중세 미학의 이론들을 종합하고 있다.

2. 애석하지만 출판할 수 없습니다 이현경 옮김 —『작은 일기』신판
농담과 철학, 그리고 문학적 감수성이 절묘하게 합성되어 있는 에코식 패러디의 결정판!『성서』와『오디세이아』는 출판하기에 부적절한 책으로 평가받고,『롤리타』의 어린 소녀에 대한 동경은 할머니에 대한 성욕으로 바뀐다.

3. 매스컴과 미학 윤종태 옮김
대중문화의 주요 문제들을 다루는 동시에, 대중의 상상 세계를 사로잡았던 만화 혹은 대중 소설 속 영웅들을 흥미롭게 묘사하고 있다.

4. 구조의 부재 김광현 옮김 —『기호와 현대 예술』신판
에코 기호학의 탄생을 알린 책. 이 책을 계기로 에코의 관심사는 중세 미학에서 점차 벗어나 일반적 문화 현상으로 확장되었고 자신의 기호학 이론을 체계화한다. 일반적인 기호학에서부터 사회 문화 전반에서 인식되고 있는 코드들, 영화나 광고, 건축과 같은 현대 예술에서의 미학적인 메시지 분석 등을 다루고 있다.

5. 기호: 개념과 역사 김광현 옮김
기호학의 이론적 토대인〈기호〉에 관해 명쾌하게 설명하고 있다. 다양한 기호의 개념 분석과 기호 이론 소개, 기호가 제기하는 철학적 문제 등을 자세히 다루고 있다. 기호학 입문서로 손색이 없다.

6. 가짜 전쟁 김정하 옮김
일상에서 발견할 수 있는〈기호〉의 개념을 추적한 책. 에코는 완벽한 진짜는 완벽한 가짜와 통한다고 말한다.

7. 일반 기호학 이론 김운찬 옮김
기호학자로서 정점에 올라선 에코가 진단하는 기호학의 가능성과 한계. 유럽에서 기호학이 본격적으로 관심을 끌던 시기에 출간되었는데 에코 스스로 자신의 기호학 서적 가운데〈결정적〉인 것이라고 강조한다.

8. 대중문화의 이데올로기 김운찬 옮김 —『대중의 슈퍼맨』신판
슈퍼맨이 나타나야 하는 이유? 본드걸이 죽어야 하는 이유? 바로 대중이 욕망하기 때문이다. 에코는 이 책에서 소설 속 영웅들의 탄생과 기능을 대중문화의 구조와 연결하고 분석한 뒤, 소설이 반영하는 시대와 그 시대를 넘어서는 문화 구조의 본질을 파헤친다.

9. 논문 잘 쓰는 방법 김운찬 옮김
논문 제대로 쓰고 싶은 학생들을 위해 논문 작성의 대가 에코가 나섰다. 공부하는 법, 글을 쓰는 기술, 정리된 사고를 하는 법 등 논문을 쓰기 위해 필요한 실질적 테크닉과 논문 작성 노하우들을 공개한다.

10. 이야기 속의 독자 김운찬 옮김 —『소설 속의 독자』신판
에코가 우연히 접한 아주 짧은 텍스트에서 이 책의 모든 논의가 시작된다. 함정과 반전이 도사리고 있는 그 텍스트를 접하는 순간 대부분의 독자는 당황스러움과 모순을 느끼게 되고, 에코는 그러한 독자들의 반응을 토대로 텍스트와 독자 사이에 벌어지는 신경전을 치밀하게 추적한다.

11. 장미의 이름 작가 노트 이윤기 옮김 —『장미의 이름 창작 노트』신판
『장미의 이름』을 읽지 않은 독자라면, 읽게 될 것이고, 이미 읽은 독자라면, 또다시 읽게 될 것이다.『장미의 이름』을 집필하기 위해 놀라울 정도로 치밀하고 논리적인 계획을 세운 에코의 열정을 이 작가 노트에서 확인하는 순간!

12. 기호학과 언어 철학 김성도 옮김
현대 기호학의 핵심 이슈를 다루고 있다. 특히 일반 기호학의 접근법인 기호와 세미오시스라는 두 가지 이론적 대상을 분석하고 있는데, 에코는 이 책에서 두 개념이 서로 양립할 수 있음을 보여 준다.

13. 예술과 광고 김효정 옮김
미학 논문, 대중문화의 현상을 분석한 글, 텍스트 비평, 철학 및 기호학에 관한 글이 실려 있다.

14. 해석의 한계 김광현 옮김
문학에서의 〈해석〉이라는 문제를 기호학, 철학의 관점에서 인식하고 그 한계와 조건을 살펴보고 있는 이 책은 서양사를 이끌어 온 문헌학 발전의 역학 관계를 파헤친다.

15. 세상의 바보들에게 웃으면서 화내는 방법 이세욱 옮김
에코는 이 책에서 유머 작가가 되고, 상대방의 얼을 빼는 논객이 되고, 썰렁한 웃음도 마다 않는 익살꾼이 되어 우리가 사는 삶의 실상과 빠른 변화의 시기에 상처받지 않고 살기 위한 처세법을 유쾌하게 이야기한다.

16. 작가와 텍스트 사이 손유택 옮김 ―『해석이란 무엇인가』 신판
움베르토 에코를 비롯하여 실용주의 철학자 리처드 로티, 탈구조주의자 조너선 컬러 등이 1978년 케임브리지 대학교에서 열린 〈해석과 초해석〉이라는 주제의 태너 강연회에서 발표한 글들이 실려 있다.

17. 하버드에서 한 문학 강의 손유택 옮김 ―『소설의 숲으로 여섯 발자국』 신판
에코가 하버드 대학교에서 한 여섯 번의 강의를 재구성하여 출간한 것으로 독자가 책을 읽는 데 필요한 요소들은 무엇인지, 어떤 관점에서 〈이야기〉에 접근해야 하는지, 저자와 독자 사이에는 어떤 관계가 있는지 밝히고 있다.

18. 세상 사람들에게 보내는 편지 이세욱 옮김 ―『무엇을 믿을 것인가』 신판
에코는 비신앙인의 입장에서, 마르티니 추기경은 신을 믿는 사람의 입장에서 모든 이념적, 윤리적 근거와 희망을 잃어버린 채 새로운 천 년을 맞게 된 우리의 문제에 관해 편지를 주고받는다.

19. 신문이 살아남는 방법 김운찬 옮김 ―『누구를 위하여 종은 울리나 묻지 맙시다』 신판
텔레비전과 인터넷에 밀려 좌초 위기에 빠진 신문의 생존 전략을 명쾌하게 제시한다. 이탈리아 신문을 예로 들고 있지만, 한국의 신문에도 그대로 적용된다. 전쟁과 파시즘의 문제 등 현대 사회의 다양한 이슈도 다루고 있다.

20. 칸트와 오리너구리 박여성 옮김
우리가 어떻게 사물을 인식하고 명명하는가라는 고전적인 철학의 핵심 문제를 기호학적으로 접근해 풀어낸 책

21. 언어와 광기 김정신 옮김
인간의 역사를 형성해 온 실수의 층들이 위트와 박학, 놀라운 명석함으로 하나씩 벗겨진다. 신세계로 향하는 콜럼버스의 항해를 비롯해 장미 십자단과 성당 기사단의 비밀 그리고 전설적인 바벨 탑에 대해 고찰하는 이 책은 언어와 사고의 기이한 역사를 파노라마처럼 펼쳐 보인다.

22. 거짓말의 전략 김운찬 옮김 ―『낯설게하기의 즐거움』 신판
거짓말로 시작해 거짓말로 끝나는 이 책은 아이러니하게도 거짓말을 통해 진실을 밝히는 작업 또는 진실의 이면에 숨은 거짓을 드러내는 작업을 시도한다.

23. 책으로 천년을 사는 방법 김운찬 옮김 ―『미네르바 성냥갑』 신판
『세상의 바보들에게 웃으면서 화내는 방법』에 이은 촌철살인 세상 읽기! 글을 잘 쓸 수 있는 방법을 비롯해 책이 중요한 이유 등을 에코 특유의 익살스러운 문체로 풀어 냈다.

24. 민주주의가 어떻게 민주주의를 해치는가 김운찬 옮김 ―『미네르바 성냥갑』 신판
인권과 자유권, 평등권 등을 근본으로 삼는 민주주의는 현대 사회에서 가장 이상적인 사상으로 평가받지만, 에코는 그 민주주의 틈새를 파고들어 민주주의가 민주주의를 해치는 아이러니한 현장을 포착해 낸다.

25. 나는 독자를 위해 글을 쓴다 김운찬 옮김 ―『움베르토 에코의 문학 강의』 신판
글쓰기의 진짜 즐거움이란 〈하나의 세계를 만든다〉는 것. 글은 오로지 〈독자〉를 위해 쓰는 것이지 자기 자신을 위해서만 쓸 수 없다는 에코의 주장은 문학의 존재 이유를 매혹적으로 드러낸다.

26. 번역한다는 것 김운찬 옮김
It's raining cats and dogs라는 영어 문장을 개들과 고양이들이 비온다로 옮기는 번역가는 분명 멍청이일 것이다. 그러나 에코는 생각을 바꿔 보라고 조언한다. 만약 그 책이 공상 과학 소설이며 정말로 개와 고양이들이 비처럼 쏟아진다고 이야기하는 것이라면? 오로지 자신의 경험을 바탕으로 번역의 의미에 대해 서술하는 책

가재걸음의 시대 (가제) 김희정 옮김
전쟁과 평화, 파시즘, 인종 차별주의 등 20세기 초반에 나타난 사회 문화적 현상 전반에 대한 에코의 진단과 분석. 앞으로 나아가지 못하고 가재처럼 뒷걸음질치는 세태를 풍자하고 있다.